www.tredition.de

AF196334

Marianne Darmstadt

Assistierter Suizid

Reflexionen und Fragen

© 2021 Marianne Darmstadt
Titelbild: "Im Spiegel des Lichts"
        Ölgemälde von Vera Solymosi-Thurzo Katalog-Nr. 103
Lektorat, Korrektorat: Goedel

Verlag und Druck:
tredition GmbH, Halenreie 40-44, 22359 Hamburg

ISBN
Paperback: 978-3-347-28047-2
Hardcover: 978-3-347-28048-9
e-Book: 978-3-347-28049-6

Inhalt

Für meine Mutter

Einleitung

Assistierter Suizid – ist er ein modernes Phänomen oder hat er historische Wurzeln? Aus welchen Gründen wird er zunehmend akzeptiert, und warum wird er überhaupt als eine Option angesehen? Welche Argumente sprechen für oder gegen assistierten Suizid? Zentralen Themen, die ein tieferes menschliches Verständnis des Geschehens erst ermöglichen, soll auf den Grund gegangen werden, wobei „Person" ein Schlüsselbegriff ist. Inwieweit beeinflussen strukturelle Gegebenheiten sowie mentale und emotionale Strömungen in der westlichen Gesellschaft die Haltung gegenüber assistiertem Suizid? Welche problematischen Situationen ergeben sich aus dem wissenschaftlichen und technischen Fortschritt für die Betroffenen und für die Akteure im Gesundheitswesen? Welche Reformen wären nötig, damit jeder darauf hoffen kann, eines Tages in Frieden sterben zu dürfen, und welche Chancen weist Palliative Care in dieser Hinsicht auf?

Besonders berücksichtigt wird die Situation der älteren Menschen in der Gesellschaft.

Ohne die biblisch-christliche Perspektive, auch wenn sie für viele ungewohnt, unerwünscht oder gleichgültig sein sollte, bliebe die Diskussion dieser Thematik unvollständig. Doch bietet sie auch für Andersdenkende neben einer möglichen Horizonterweiterung tiefer fundierte Entscheidungshilfen.

In diesem Buch sollen neben dem Versuch, die jeweiligen Themen aus unterschiedlichen Perspektiven zu betrachten, zunächst Fragen gestellt und Denkanstöße gegeben werden. Es ist weder eine wissenschaftliche Abhandlung noch erhebt es den Anspruch auf philosophische oder theologische Fachkompetenz oder auf Vollständigkeit in irgendeiner Hinsicht.

Viele Fragen sollen und werden offen bleiben. Ziel ist es, dass diejenigen, die sich diesem Thema stellen wollen oder aus unterschiedlichen Gründen damit konfrontiert sind, anhand der gegebenen Anregungen eigene Positionen hinterfragen und in kleinem Kreis darüber diskutieren.

1. Assistierter Suizid

1.1. Geschichtliche Entwicklung in Europa

Euthanatos, der gute Tod, wird erstmals bei Kratinos im 5. Jh. v. Chr. erwähnt. Bereits im 4. Jh. v. Chr. wird kontrovers über lebensverkürzende Maßnahmen diskutiert. Epiktet (1. Jh. v. Chr.) verweigert medizinische Behandlung, um sterben zu können. Seneca und andere Philosophen der Stoa betonen die Freiheit, selbstbestimmt und leicht zur rechten Zeit das Leben zu beenden, wogegen Hippokrates die Selbsttötung ablehnt.

Ab der frühen Christenheit bis in die Zeit der Renaissance wird der Freitod öffentlich geahndet. Ars morendi, die Vorbereitung im Leben auf ein gutes Sterben, steht im Vordergrund.

Im 16./17. Jh. wird mit Beginn der Aufklärung, z. B. durch Montaigne und Donne, die Diskussion sowohl in der Gesellschaft als auch unter den Theologen neu entfacht. Das Streben nach Mündigkeit, Vernunft und Freiheit sind kennzeichnend für diese (und unsere) Zeit. Kant lehnt jede Form der Tötung ab. Philosophische Befürworter des Suizids sind z. B. Rousseau und Hume im 18. Jh. sowie im 19. Jh. Mill, Spencer und Nietzsche. 1751 hebt Friedrich der Große die Strafbarkeit des Suizids und dessen Beihilfe auf.[1]

Der Begriff Euthanasie wurde bislang nicht im Zusammenhang mit Selbsttötung benutzt, auch nicht von Bacon, der ihn im 16. Jh. wieder eingeführt hat. Erst ab Ende des 19. Jh. wird er mit Beginn der bis heute andauernden Debatte als „Sterbehilfe", d. h. als Eingriff des Menschen in den Sterbeprozess und so auch im Sinne einer assistierten Selbsttötung verstanden.

---

[1] Vgl. Zimmermann-Acklin 2002: 43.

Im 20. Jh. werden Euthanasie- und Sterbehilfegesellschaften gegründet. „Lebensunwertem" Leben, z. B. von behinderten Neugeborenen oder geistig Behinderten, soll ein Ende gesetzt werden können auch ohne Einwilligung der Betroffenen oder ihrer Angehörigen, entweder aus Mitleid, wie in England, oder als in die Tat umgesetztes politisch-ideologisches Programm der Nationalsozialisten in Deutschland.

Ab 1960 wird zunehmend über die Aktiv-Passiv-Unterscheidung der Suizidbeihilfe und die Fragwürdigkeit sinnloser medizinischer Behandlungen debattiert. Patientenwille und -autonomie haben seitdem an Bedeutung gewonnen. Medizinische Grenzsituationen werden gesellschaftlich bewusster wahrgenommen mit zunehmender Akzeptanz des assistierten Suizids und der Forderung nach einer entsprechenden Liberalisierung der Gesetzgebung. Es entstehen Sterbehilfeorganisationen, EXIT wird 1982 in der Schweiz gegründet. Seit 1989 haben sich teilweise militante Lager für und gegen die Sterbehilfe gebildet.

Parallel zu dieser Entwicklung wird als Alternative dazu die Hospizbewegung von Cicely Saunders mit der ersten Hospizeröffnung in London 1967 ins Leben gerufen und damit Palliative Care eingeleitet. Die Bioethik entwickelt sich als Teilgebiet der Humanethik aus der Notwendigkeit heraus, die durch die technischen und wissenschaftlichen Entwicklungen neu aufgetretenen Probleme zu analysieren sowie Richtlinien und Grenzen zu definieren, um menschliches Leben zu schützen.

Suizid als „guter Tod" wird somit seit der Antike kontrovers diskutiert. Nach einer Periode der Ächtung im Mittelalter ist seit der Aufklärung die philosophische und gesellschaftliche Diskussion darüber neu entbrannt, beeinflusst durch die zunehmende Liberalisierung im gesellschaftlichen Bewusstsein, die Akzentuierung der Patientenautonomie und die Institutionalisierung in Form von Ethikkommissionen und Sterbehilfeorganisationen. Durch die Zugriffsmöglichkeit auf ein in der entsprechenden Dosierung tödliches Schlafmittel ohne unangenehme Nebenwirkungen ist „assistierter Suizid" zu einer modernen Form der Selbsttötung geworden.

1.2. Begriffe

Begriffe unterschiedlich benutzt und akzentuiert werden, manchmal auch um die jeweils eigene Sichtweise und Überzeugung zu unterstützen, was zu Missverständnissen führen kann, und besonders in Grenzfällen zu kritischen Fragen anregt. Einige dieser Begriffe werden zudem philosophisch kontrovers diskutiert, wie z. B. Freiheit, Unantastbarkeit des Lebens oder Menschenwürde.

Verantwortungsbereiche lassen sich manches Mal nicht deutlich voneinander trennen, so dass nur nach sorgfältiger Analyse ersichtlich wird, wer welche Verantwortung trägt. Wer ist hier aktiv, und wer ist passiv?

Die Situation der Betroffenen wird in der Diskussion über assistierten Suizid unzureichend differenziert: Handelt es sich um chronisch Kranke, Tumorpatienten, Patienten in der Terminalphase oder alte Menschen? Die hiermit verbundenen ethischen Implikationen sind völlig verschieden.

Rechtliche, medizinisch-wissenschaftliche, ethische, anthropologische, politisch-soziologische, philosophische und theologische Aspekte und Inhalte werden oft entweder ungenau voneinander abgegrenzt oder aber zu wenig in die Überlegungen mit einbezogen.

Einige Autoren versuchen, durch neue Begriffe Details zu klären, verstärken damit jedoch die terminologische Unübersichtlichkeit.

Wie kann also der Begriff „Sterbehilfe" ausgelegt werden, und welche Fragen werfen die in diesem Zusammenhang üblicherweise verwendeten Begriffe auf?

Sterbehilfe

Sterbehilfe ist Helfen zum Sterben. Im Sinne der Sterbehilfeorganisationen kann dies so verstanden werden, dass jemandem geholfen wird, sein Leben schlafend zu beenden. Leiden bzw. das Sterben wird durch die Suizidbeihilfe zeitlich verkürzt.

Oder es geht darum, einem Todkranken das Sterben zu erleichtern, indem Beschwerden, wie z. B. Schmerzen oder Luftnot, gelindert und so für den Betroffenen erträglich gemacht werden, bzw. indem die Einsamkeit durch menschliche Nähe gemindert wird. Hier handelt es sich um eine qualitative Hilfe im Sterbeprozess, ohne dass die Zeitspanne bis zum Todeseintritt verkürzt oder verlängert wird.

Da Sterbehilfe dermaßen kontrovers interpretiert werden kann, könnten eindeutigere Begriffe wie assistierte Selbsttötung oder assistierter Suizid gegenüber Sterbebegleitung als Teil der Palliative Care zu einem klareren gegenseitigen Verständnis bei der Diskussion über dieses komplexe Thema beitragen.

Aktiv – Indirekt – Passiv

„Aktive" oder „direkte Sterbehilfe" heißt, dass eine andere Person und nicht der Betroffene selbst den Tod unmittelbar verursacht, z. B. durch die Injektion einer tödlichen Substanz.

„Indirekte Sterbehilfe" wiederum heißt z. B., lebensverkürzende Nebenwirkungen einer palliativ notwendigen und verantwortbar dosierten Therapie in Kauf zu nehmen.

„Passive Sterbehilfe" bedeutet z. B., dass der Betroffene selbst die tödliche Dosis des Schlafmittels zu sich nimmt, das ihm aber ein anderer besorgt hat. Hier wird jedoch das Problem deutlich: Wer ist hier aktiv und wer passiv? Inwieweit ist nicht auch der andere aktiv, indem er das tödliche Mittel besorgt und dem Betroffenen zur Verfügung stellt?

Welchen Unterschied macht es, ob der jeweils Handelnde aktiv/passiv ist, oder ob die jeweilige Handlung aktiv/passiv erfolgt? Es geht hier eigentlich um die Frage, wer wofür und wem gegenüber Verantwortung trägt.

Eine weitere grundsätzliche Frage, die sich stellt, lautet: Sind die Folgen einer entsprechenden Handlung Grundlage für deren ethische Beurteilung, oder ist die Handlung als solche unabhängig von ihren Folgen zu bewerten?

Beabsichtigen (Überzeugung – Absicht – Wissen) – Zulassen (Inkaufnahme) – Unterlassen (Töten – Sterbenlassen)

Zunächst verwirren diese feinen Unterscheidungen. Auch wenn der Verantwortliche lediglich eine Handlung beabsichtigt, sie in Kauf nimmt oder sie unterlässt, wird er aktiv tätig oder bleibt aktiv untätig. Zudem geht eine aktive, wenn auch subjektive, Entscheidung des Handelnden der Handlung voraus. Sind subjektive Überzeugungen, Absichten und eventuelles Unwissen, auch wenn sie ohne ethisch relevante Konsequenzen, d. h. Handlungsfolgen bleiben, für die ethische Beurteilung unerheblich?[2] Würde dies auch für den Fall gelten, in dem die Handlung lediglich misslingt, die Absicht aber eindeutig war? Wie weit reicht der ethische Verantwortungsbereich? Wo liegen seine Grenzen?

---

[2] Vgl. Siep, Quante 2000: 45 ff.

<u>Zusammenfassung der begrifflichen Probleme</u>

Das gegenseitige Verständnis in der Diskussion um assistierten Suizid wird durch folgende Aspekte getrübt:

- unterschiedliche Inhalte eines Begriffs im Bereich der Medizin, Justiz und Ethik und nicht zu vergessen, in der Umgangssprache,
- fachlich intern kontrovers diskutierte Inhalte,
- ethisch uneinheitlich geklärte Begriffe motivations- und interessensbelastete Nutzung der Begriffe durch verschiedene Gruppierungen,
- bisher unzureichende Begriffe für die Beurteilung der Konsequenzen neuer technischer oder medikamentöser Möglichkeiten, Leben zu verlängern oder Leiden zu mindern,
- unterschiedliche Sicht der Extension und Intension, d. h. der Reichweite des Begriffs der Verantwortung,
- unzureichende Würdigung der Komplexität der jeweiligen Situation durch die verwendeten Begriffe (Motive, Zielsetzung, auf dem Spiel stehende Werte, Umstände, Mittel, Zweck, Folgen).[3]

1.3. Beweggründe für assistierten Suizid

Die folgende Übersicht über die den assistierten Suizid begünstigenden Ursachen oder Argumente bleibt, ebenso wie die im nächsten Abschnitt aufgeführte Zusammenfassung der Gründe, die gegen assistierten Suizid sprechen, zunächst unkommentiert. In den folgenden Kapiteln soll dann näher darauf eingegangen werden.

---

[3] Vgl. Holderegger 2000: 129 f.

Medizinische Argumente

Es gibt unheilbare Krankheiten, vor denen und vor deren Verlauf Menschen, die mit einer entsprechenden Diagnose konfrontiert werden, sich fürchten, z. B. amyotrophe Lateralsklerose (ALS) mit Schluckbeschwerden, zunehmender Bewegungsunfähigkeit und Atemnot oder bösartige Tumoren mit unerträglichen Schmerzen und chronischer Erschöpfung.
Assistierter Suizid ist in solchen oder ähnlichen Fällen für manche eine Therapieoption unter anderen.

Assistierter Suizid kann als eine Art Schmerztherapie angesehen werden, die unzureichende und physisch und psychisch belastende Behandlungsversuche beendet.

Am Lebensende oder bei starken Schmerzen künstlich sediert zu werden, nicht mehr am Geschehen teilnehmen oder sich nicht mehr mitteilen zu können, ist nach mancher Auffassung kein Leben mehr. Es wäre dann besser, es aktiv zu beenden.

Für viele ist die Vorstellung unerträglich, bei Demenz sich selbst zu verlieren oder als psychisch Kranker lebenslang in einer geschlossenen Pflege- und Heilanstalt zu verbringen, keinen Sinn mehr in dem Leben, das noch bevorsteht, zu sehen oder die eigene Würde zu verlieren.

Durch technischen Fortschritt kann Leben künstlich verlängert werden, d. h. der Betroffene wäre ohne den Einsatz von medizinischen Apparaten gestorben. Warum soll es verboten sein, den Einsatz solcher Mittel zu beenden und den Apparat abzuschalten? Warum sollen Arzneimittel nicht benutzt werden dürfen, um ein beschwerliches, unerwünschtes oder sinnentleertes Leben zu beenden?

Soziale Gründe

Familienstrukturen verändern sich, die Stabilität der Beziehungen und die Disponibilität für den anderen, besonders wenn diese über einen längeren Zeitraum benötigt wird, schwinden, verfügbare Zeit ist Mangelware. Die Altersarmut und die Zahl der Menschen, die davon betroffen sind, steigen.

Aus der Perspektive des auf Hilfe Angewiesenen nehmen die Vereinsamung, das Allein-Aufsichgestelltsein und die damit verbundene Angst zu. Weiterhin wächst die Sorge, für die Angehörigen zu einer überfordernden Belastung zu werden oder der Allgemeinheit „auf der Tasche zu liegen". Auch dass der eigene Handlungsspielraum durch die Abhängigkeit von anderen schwindet, kann einen bedrücken.

Die Behandlungs- und Verweildauer bei chronischen Erkrankungen ist in Spitälern aus finanziellen Gründen zeitlich begrenzt. Entweder erfolgt danach die Verlegung in ein Altenheim, in ein Hospiz oder in eine eventuell unzureichende häusliche Betreuung. Die manchmal schwierige Suche nach einem geeigneten Platz kann von dem Betroffenen als Verlust der eigenen Wertigkeit, der Zugehörigkeit und der Geborgenheit empfunden werden.

Vorstellungen in der heutigen Gesellschaft

Gesundheit und jugendliche Mobilität sind Leitbilder, die in der westlichen Gesellschaft dominieren. Etabliert haben sich auch der

Anspruch auf soziale Absicherung und das Recht auf Selbstverwirklichung. In Grenzsituationen des Lebens herrscht Sprachlosigkeit. Alter, Krankheit und Tod sind meist eine private Angelegenheit und werden in der Öffentlichkeit mit einem Tabu belegt. Alte oder schwerkranke Menschen fühlen sich oft hilflos, minderwertig und nutzlos und wünschen sich daher manches Mal als Ausweg den assistierten Suizid.

Leben wird meist als evolutionäres und zufälliges Geschehen angesehen. Den Sinn des Lebens, so sagt man, müsse jeder für sich selbst finden. Das oberste Ziel ist es, das Leben voll auszukosten, alle Möglichkeiten zu nutzen und sämtliche einem gestellte Aufgaben zu meistern. Aus einer solchen Perspektive darf dem Leben ein Ende gesetzt werden, wenn man meint, dass die Zeit dafür reif sei.

Bei Gesprächen sind folgende Äußerungen zu hören:
Jeder darf seine Vorstellungen, auch bezüglich seines Lebensendes, selbstverantwortlich realisieren.
Eigene Interessen sind, solange die Interessen anderer dadurch nicht verletzt werden, vorrangig.
Wenn assistierter Suizid möglich ist, warum nicht?

Die Vorstellung, nicht mehr existieren zu müssen, kann wohltun. Allein der Gedanke, dass assistierter Suizid eine Option ist, wenn einem das Leben zu schwer werden sollte, kann tröstlich sein und helfen, die bis dahin verbleibende Zeit auszuschöpfen.

Selbstbestimmtes Sterben ist ein Ausdruck der souveränen Freiheit.

Selbstbestimmtes Sterben ist ein menschliches Grundrecht.

Wenn das ganze Leben durch Selbstdisziplin und Selbstachtung geprägt war, fällt es schwer, sein Innerstes, seine Gebrechlichkeit oder seine Bedürftigkeit preiszugeben. Bevor ein solch bedauernswerter Zustand eintritt, wünschen sich manche, ihr Leben selbstbestimmt und in Würde zu beenden.

Einige sehen den Sinn ihres Lebens hauptsächlich darin, ihre Angehörigen aufopfernd zu umsorgen. Wenn sie jedoch selbst zum Pflegefall und zu einer Belastung für die bisher Umsorgten werden, wollen sie ihre Lieben durch ein letztes Opfer entlasten.

Es spricht für einen gesunden Realismus, seine Lebenschancen rational-distanziert zu beurteilen und den Mut zu haben, daraus die Konsequenzen zu ziehen.

Die Vorstellung eines guten Todes nach einem guten Leben beinhaltet die Festlegung des Zeitpunktes und die Gestaltung des eigenen Todes.

Metaphysische Argumente
Manche glauben, als „Ebenbild Gottes" ein Verfügungsrecht auch über das eigene Leben zu haben.

Physisches Leben ist nicht alles. Manche sehen den selbst gesetzten Tod als Befreiung, so dass Zukunftshoffnungen, die das jetzige Leben übersteigen, erfüllt werden können.

Für viele gibt es keine übergeordnete Instanz, die Ordnungen oder Grenzen festsetzt, und der gegenüber der Mensch verantwortlich wäre.

1.4. Argumente gegen assistierten Suizid

„Beihilfe zur Entsorgung kommt nicht in Frage; dafür ist der letzte Atem zu kostbar. Mit dem Giftbecher, auch dem bekömmlichsten, stirbt man nicht seinen eigenen Tod, auch wenn man ihn als Abschiedsparty zelebriert."[4]
Welche Gründe sprechen gegen einen assistierten Suizid, und wie können Argumente, die ihn befürworten, entkräftet werden?

Medizinische Argumente
Die Möglichkeiten der modernen Medizin können Ängste und den Wunsch nach assistiertem Suizid auslösen. Die jeweiligen Ursachen für diese Ängste sollten gesucht und alternative Lösungen für die aufgedeckten Missstände umgesetzt werden.

Technische Möglichkeiten und deren regelmäßige Anwendung führen dazu, dass manche Menschen Angst davor haben, dass über sie verfügt werden könnte, wenn sie nicht mehr in der Lage sind, mit zu entscheiden. Diese Angst kann dadurch gelindert werden, dass die in der jeweiligen Situation Beteiligten gemeinsam, unter Berücksichtigung der gesetzlichen und ethischen Vorgaben, den Einsatz technischer Möglichkeiten begrenzen dürfen.

---

[4] Muschg 2017: 188.

5–15 % der Schmerzen können bislang nicht völlig beherrscht werden. Es ist jedoch möglich, durch eine zeitlich begrenzte und individuell dosierte Sedierung auch diese Schmerzzustände erträglich zu machen.[5]

Alternativ zum assistierten Suizid gibt es palliative Möglichkeiten sowohl im Krankenhaus als auch in der ambulanten Versorgung, Leiden zu mindern und den Menschen ganzheitlich zu behandeln und zu umsorgen.

Durch die Entwicklung eines wirksamen, einfach zu handhabenden und nebenwirkungsfreien Medikamentes mit dem Ziel, das Leben zu beenden, ist Suizid zu etwas geworden, das einfach und angenehm durchgeführt werden kann. Dies erleichtert die Entscheidung hierzu, genügt aber nicht als ethische Rechtfertigung.

Gesellschaftliche Argumente
Zwei Statistiken zeigen jeweils die Entwicklung des assistierten Suizids über einen Zeitraum von 17 Jahren in der Schweiz und von 6 Jahren in den Niederlanden.[6,7]

---

[5] Vgl. Borasio 2016: 78 ff.
[6] https://fowid.de/meldung/suizide-und-sterbehilfe-der-schweiz.
[7] https://fowid.de/meldung/sterbehilfe-den-niederlanden-2008-2014.

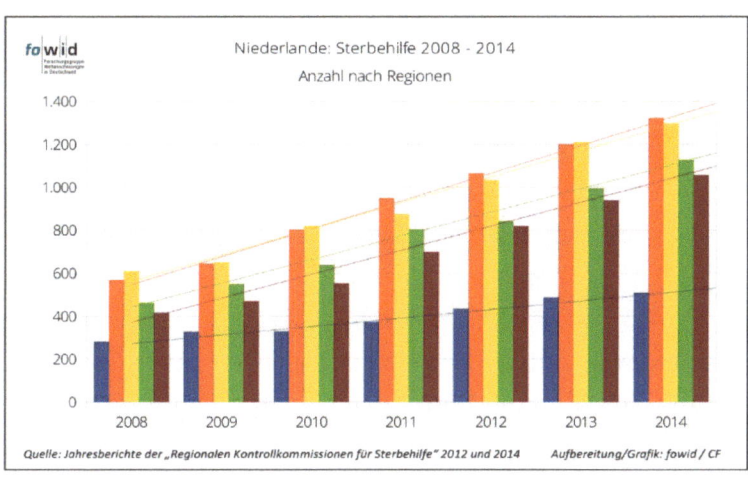

Niederlande: Sterbehilfe 2008 - 2014
Anzahl nach Regionen

Quelle: Jahresberichte der „Regionalen Kontrollkommissionen für Sterbehilfe" 2012 und 2014   Aufbereitung/Grafik: fowid / CF

1	2	3	4	5
Suizide und Sterbehilfe in der Schweiz, 1997 - 2014				
Jahr	Offizielle Suizide	Sterbehilfe[2]	*Nicht-assistierte Suizide*	*Summe Sp. 3+4*
1997	1.341	-	-	*1.341*
1998	1.371	-	-	*1.371*
1999	1.297	63	*1.234*	*1.297*
2000	1.378	86	*1.292*	*1.378*
2001	1.331	123	*1.208*	*1.331*
2002	1.451	123	*1.328*	*1.451*
2003	1.280	187	*1.093*	*1.280*
2004	1.292	203	*1.089*	*1.292*
2005	1.304	205	*1.099*	*1.304*
2006	1.312	230	*1.082*	*1.312*
2007	1.368	249	*1.119*	*1.368*
2008	1.313	253	*1.060*	*1.313*
2009[1]	1.105	297	*1.105*	*1.402*
2010	1.004	352	*1.004*	*1.356*
2011	1.034	431	*1.034*	*1.465*
2012	1.037	508	*1.037*	*1.545*
2013	1.070	587	*1.070*	*1.657*
2014	1.028	742	*1.028*	*1.770*

Quelle: Schweizer Bundesamt für Statistik, Todesursachenstatistik

1) *Seit 2009 sind die assistierten Suizide (Sterbehilfe) nicht mehr in den Zahlen der „Offiziellen Suizide" enthalten.*

2) *Nur Schweizer Wohnbevölkerung. Sämtliche Freitodbegleitungen in der Schweiz unter „Sterbehilfe und Organisationen in der Schweiz"*

In beiden Ländern nimmt die Zahl der assistierten Suizidfälle zu, wobei in der Schweiz die nicht assistierten Suizide abnehmen. Dies kann so interpretiert werden, dass sich in den Ländern mit legalisiertem assistierten Suizid die Tendenz entwickelt, dem Leben „rechtzeitig" ein Ende setzen zu wollen. Die dafür wegbereitenden Gründe sind zu hinterfragen.

Entspricht das heutige rationale und individualistische Menschenbild dem eigentlichen Wesen des Menschen? Inwieweit wirkt es sich auf die Suizidbereitschaft aus? Könnte eine Korrektur dieses Menschenbildes die Perspektive kritischen Situationen gegenüber verändern und lebensmotivierende Auswirkungen haben?

Ist die heutige Lebenseinstellung, in der Vitalität, Jugendlichkeit, Selbstbestimmung, ein aktives und erfolgreiches Leben gefeiert, Kranke und Alte hingegen ausgegrenzt und damit der Gefahr zu vereinsamen ausgesetzt werden, wirklich das, was die Gesellschaft will und benötigt?

Konsum- und Wegwerfgesellschaft – wirkt sich die damit verbundene Mentalität auch auf den Wert aus, der dem Leben beigemessen wird? Darf ein angeblich unnützes oder beschwerliches Leben weggeworfen werden?

Ist alles, was machbar ist, auch richtig? Kann, soll oder darf jeder für sich entscheiden, was für ihn richtig ist?

Ist die öffentliche Meinung, die durch die Medien verbreitet wird, maßgeblich? Inwieweit werden Menschen durch sie manipuliert?

Kann ein Todkranker sich dadurch unter Druck gesetzt fühlen, sich rechtfertigen zu müssen, wenn er weiterleben will?

Was geschieht mit denen, die sich noch nicht geäußert haben und sich nicht mehr äußern können, wenn „Todesbeihilfe" eine Option unter anderen wird? Steigt dadurch der Druck auf die die Angehörigen, die stellvertretend zu entscheiden haben? Werden Kosten-Nutzen-Kalküle zur Norm werden?

Auffallend ist, dass in der Schweiz Frauen häufiger assistierten Suizid in Anspruch nehmen, während nicht assistierte Suizide, deren Tendenz insgesamt leicht rückläufig ist, bei Männern überwiegen.[8] Als Gründe für Ersteres werden ein vermindertes Selbstwertgefühl der Frauen, eine mit ihnen vermehrt assoziierte Opferbereitschaft und eine bei ihnen häufiger anzutreffende Armut angeführt.[9] Was müsste sich in diesen Fällen *eigentlich* ändern?

Dem Wandel in der Familienstruktur und der zunehmenden Belastung der Angehörigen könnte z. B. durch den Ausbau der sozialen Netzwerke und anderer sozialer Strukturen begegnet werden. Würde damit gleichzeitig den Ängsten und der Vereinsamung kranker und alter Menschen entgegengewirkt?

Das Tun eines einzelnen hat immer Auswirkungen auf dessen nähere oder auch weitere Umgebung. Einzelentscheidungen können nicht ohne Berücksichtigung der Folgen für andere getroffen werden.

---

[8] Vgl. https://fowid.de/meldung/suizide-und-sterbehilfe-der-schweiz.
[9] Vgl. Keenan 2000: 158 ff.

Angehörige werden zu selten in die Überlegungen miteinbezogen. Könnte der Wunsch, Suizid zu begehen, abgeschwächt werden, wenn die Betroffenen die Gelegenheit dazu bekämen und nutzen würden, mit nahestehenden Personen darüber zu diskutieren und ihre Situation eventuell aus einer anderen Perspektive zu überdenken?

Infolge eines assistierten Suizids könnten die Angehörigen sozial stigmatisiert werden oder Schuldgefühle entwickeln, z. B. dass sie sich nicht ausreichend um den Betreffenden gekümmert haben, dass sie unfähig gewesen sind, ihn von seinem Vorhaben abzubringen oder dass sie unzureichend materielle Mittel für eine gute Pflege bereitgestellt haben, die den Wunsch nach einem Suizid gar nicht erst hätte entstehen lassen.

Auswirkung eines jeden assistierten Suizids ist die langsame und stetige Gewöhnung der Gesellschaft an diese Form des Aus-dem-Leben-Scheidens bis hin zur allgemeinen Überzeugung, dass assistierter Suizid „gut, menschlich, würdig und grundsätzlich möglich"[10] sei. Diejenigen, die Beihilfe leisten, d. h. das dazu nötige Medikament besorgen, denken mit der Zeit immer seltener über die Gründe für ihre Hilfsbereitschaft nach oder überprüfen den jeweiligen Fall nicht mehr mit der gebotenen Sorgfalt. Es besteht die Gefahr, dass sich der Prozess automatisiert.

Bedeutet, Verantwortung für nachkommende Generationen zu übernehmen, nicht auch, dass mit heutigen Entscheidungen Wege

---

[10] Keenan 2000: 164.

gebahnt werden, über die später nicht mehr nachgedacht wird, da sie zur Gewohnheit geworden sind und es schwierig ist, etwas Eingefahrenes rückgängig zu machen?

Entscheidungsrichtlinien über Leben oder Tod können nur aus einer humanen oder transzendenten und nicht allein aus einer gesellschaftlichen oder juristischen Perspektive gewonnen werden.

Philosophisch-anthropologische Argumente
Freiheit als Grundphänomen der „Person" ist gegeben, nicht erworben und nur, wenn man lebt, realisierbar. Suizid ist „destruktive Freiheit".[11]

Autonomie wird heutzutage tendenziell überbewertet. Autonom leben kann nur der, der u. a. alle Risiken und Konsequenzen seines Handelns überblickt.[12] Menschliche Freiheit und Autonomie benötigen Orientierung und Maß und damit freiwillig gesetzte Grenzen.

Es geht an der Realität vorbei, sich einzubilden, mit assistiertem Suizid sein Sterben aktiv selbstbestimmt gestalten zu können. Mit einem tödlichen Medikament erfolgt überhaupt kein Sterbeprozess, der gestaltet werden könnte, da der Zustand des Todes direkt eintritt.

Der Entschluss zum Suizid kann aus dem Schamgefühl über die eigene Hilflosigkeit reifen. Menschliche Würde zeigt sich nicht in

---

[11] Höffe 2018: 162.
[12] S. Kap. 3.5.1.

strahlender Selbstbehauptung, sondern darin, Krisensituationen bewusst zu durchleben und Unterstützung anderer annehmen zu können.

Wenn Angst vor Demenz oder andere Befürchtungen als Grund angegeben werden, assistierten Suizid in Anspruch nehmen zu wollen, kann ein Hilferuf, ein Appell dahinterstehen. Solchen Lebenskrisen mit Angst, Hilflosigkeit, Scham oder Verlust der Selbstbeherrschung kann anders begegnet werden, als sie assistiert zu beenden – sie könnten auch assistiert durchlebt werden.

Die Lebensqualität oder der Wunsch zu leben, können durch das Verhalten der umgebenden Menschen positiv beeinflusst werden.

Die eigene Zeugung und der Tod sind Momente, in denen der Mensch keine Möglichkeit hat, mitzureden, sie geschehen ihm einfach. Geborenwerden und Sterben sind Grenzsituationen im Leben.
Da das neugeborene, schwerstbehinderte Kind und oft auch der Sterbende nur über begrenzte Möglichkeiten verfügen, sich den anderen mitzuteilen, bleibt den Außenstehenden häufig verborgen, was geistig und emotional in ihnen vorgeht. Ist es dann überhaupt möglich, eine lebenswichtige Entscheidung stellvertretend in ihrem Sinne zu treffen?

Lebens*sinn* ist nicht gleich Lebens*wert*.

Das eigene Leben ist einmalig, kein Besitztum, über das man verfügen kann, sondern Gegebenes, Geschenk, Leihgabe oder Auftrag.

Es darf nicht sein, dass sich jemand dafür rechtfertigen muss, dass er lebt.

Der Wert und die Unantastbarkeit des Lebens sowie der Respekt vor ihm stehen in enger Verbindung miteinander. Leben ist kein absoluter Wert, aber auch nicht messbar, vergleichbar, abschätzbar oder verfügbar. Tod ist „keine Alternative zum Leben".[13]

„Das Leben ist Bedingung aller personalen Bezüge."[14] Das Leben ist Voraussetzung für jegliche Beziehung zu sich selbst und zu anderen.

Leben gehört zum Wesen des Menschseins. Der Mensch ist so angelegt, dass er überleben will und alles daran setzt, dies zu erreichen. In ihm liegen eine nicht auslöschbare Todesangst und eine psychologische Tötungsbarriere[15]

Missverständnisse bezüglich Sterben und Tod begünstigen assistierten Suizid. Der Tod wird oft rational und emotional verdrängt. Von daher wird auch dem Sterbenlassen kein Raum mehr gegeben.

Sterben und Tod werden oft unzureichend differenziert. Sterben ist ein Prozess, der zum Leben gehört, und der mit den individuell zur Verfügung stehenden Kräften, durch*lebt* werden kann. Der Tod beendet das Leben und ist kein Prozess mehr, sondern ein Zustand. Assistierter Suizid bedeutet, sein eigenes Sterben zu verschlafen.

---

[13] Demmer 2000: 179.
[14] Nationaler Ethikrat 2006: 71.
[15] Vgl. Wils 1999: 203.

Biblisch Grundlegendes

Zunächst sollen einige zentrale Aussagen der Bibel als Grundlage für die später die Diskussion vertiefenden biblischen Aspekte erwähnt werden.

Die Bibel spricht von dem Gott des Universums, der schon immer war und gegenwärtig ist und der sich in Jesus Christus offenbart hat. Offenbarung bedeutet, dass nicht Menschen sich ihren Gott erfunden haben, sondern dass er von außen ihnen gegenübertritt. Nicht Menschen definieren, wer Gott ist, sondern er *äußert*, wer er ist.[16] Er *lebt* in Jesus Christus menschlich sichtbar, wer er ist. Nicht Menschen finden Gott, sondern er wird Mensch, um sie zu sich heimzuholen. Gott ist Person und bestimmt, was die menschliche Person ausmacht.[17] Jeder Mensch nimmt zu Gott Stellung, auch wenn Gott ihm gleichgültig sein sollte.

Gott ist nicht beweisbar. Es geht um eine einzige Frage: Existiert er für den einzelnen oder nicht? Wenn ja, kann nur Gott vermitteln, wer er ist, und es hängt von der Bereitschaft eines jeden ab, sich darauf einzulassen. Alles andere sind selbsterdachte Bilder von ihm, abschreckend, fern oder der eigenen tröstlichen, aber realitätsflüchtenden Erbauung dienlich. Auch beinhaltet Glaube nicht nur eine Gesinnung, sondern es handelt sich um eine „Totalrevision der gesamten Existenz"[18] mit einer grundlegenden Veränderung auch des Lebensstils. Voraussetzung ist die *Erlösung* durch Jesus Christus. Durch ihn wird das Leben des einzelnen zu einem Raum, in dem die Liebe Gottes Gestalt gewinnt.[19]

---

[16] 2. Mose 3, 14.
[17] S. Kap. 3.2.
[18] Thielicke Bd. 1. 1981: 68.
[19] Vgl. Thielicke Bd. 1. 1981: 103.

Gott ist Leben, er definiert, was Leben ist, und er ist der einzige, der Leben verursachen kann. So ist die Natur ebenso wie der Mensch die Folge dieser Lebensspende. Gelöst von Gott existiert kein Leben. Gott hat den Menschen als Gegenüber geschaffen, es ist ein Beziehungsverhältnis Gott – Ich (auch zu sich selbst) – Nächster. Ohne dieses Beziehungsverhältnis kann der Mensch nicht leben. Wer eine dieser Beziehungen lockert, wird krank, und wer die Beziehung zu Gott löst, ist trotz physischer Existenz tot, abgeschnitten von der Quelle des Lebens.[20]

Es gibt ein Gebot: „Du sollst nicht töten."[21] – eine Grundabsicht Gottes. Die Konsequenzen wären eigentlich umfassend, d. h. es dürfte keine Kriege, Todesstrafe, Morde oder Selbstmorde geben. Aufgrund der beiden inkongruenten Welten, der göttlichen und der menschlichen ohne Gott, werden Situationen komplex und manchmal menschlich unlösbar.

Die Bibel sagt Grundlegendes über Gott und den Menschen aus. Sie gibt keine eindeutigen Richtlinien zum Umgang mit assistiertem Suizid. Die jeweilige Lösung zu finden, bleibt eine menschliche Herausforderung, die eventuell schuldbehaftet der Gnade bedarf.

1.5. Stellungnahmen, Rechtsprechung

Aktive Sterbehilfe ist in Belgien, in Luxemburg und in den Niederlanden legal; in der Schweiz und in Schweden ist assistierter Suizid mit Einschränkungen erlaubt, während er in den übrigen europäischen Ländern verboten oder noch rechtlich ungeklärt ist. Die

---

[20] Jeremia 17, 13.
[21] 2. Mose 20, 13.

kritisch zu hinterfragende deutsche Gesetzgebung vom 6.11.2015 stellte die geschäftsmäßige Förderung der Selbsttötung unter Strafe, wobei Angehörige oder Nahestehende ausgenommen blieben.[22] Mit dem Begriff geschäftsmäßig sollte die wiederholte Beihilfe zum Suizid z. B. durch Sterbehilfeorganisationen verhindert werden. Dabei wurde übersehen, dass es sich meist um spezifische Einzelsituationen handelt, in denen jedes Mal das Dilemma neu auftritt. Somit ignorierte das Gesetz die eigentlich Betroffenen, zumal wenn sie materiell nicht in der Lage waren, sich ihren Wunsch zu erfüllen, indem sie in Nachbarländer reisen, in denen assistierter Suizid legal ist. Die bereits überforderten Angehörigen wurden durch dieses Gesetz zusätzlich belastet, da sie in dieser schwierigen privaten Phase möglicherweise auch noch mit einem gerichtlichen Verfahren rechnen mussten, ganz zu schweigen von den ihnen für eine Beihilfe nur in begrenztem Umfang zur Verfügung stehenden Substanzen.

Mit dem Urteil des Bundesverfassungsgerichts vom 26.02.2020[23] wurde dieses Gesetz aufgehoben, da es das in Art. 2 des Grundgesetzes garantierte Recht auf „Entfaltung der eigenen Persönlichkeit"[24] zu stark einengt. Unter Persönlichkeit wird u. a. ein autonomer und sich selbstbestimmender Mensch verstanden, der allein die Sinnhaftigkeit und Würde seines Lebens zu beurteilen vermag. Aus dem im Grundgesetz verankerten Persönlichkeitsrecht werden das „Recht auf selbstbestimmtes Sterben"[25], die „Modalitäten der

---

[22] https://www.gesetze-im- Internet.de/stgb/_217.html.
[23] http://www.bverfg.de/e/rs20200226_2bvr234715.html.
[24] https://www.gesetze - im- internet.de/gg/BJNR000010949.html.
[25] http://www.bverfg.de/e/rs20200226_2bvr234715.html: 202.

Selbsttötung"[26] sowie die mögliche Inanspruchnahme von Suizid-beihilfe abgeleitet. Die individuelle Befindlichkeit der Betroffenen wird durch dieses Urteil berücksichtigt. Doch inwieweit das dem Urteil zugrundeliegende Menschenbild vereinbar ist mit dem in der Präambel des Grundgesetzes[27] festgehaltenen Bewusstsein der Verantwortung Gott gegenüber und welche Fragen zu „selbstbe-stimmtem Sterben"[28] auftreten, wird später ausführlicher zu disku-tieren sein.

Im Folgenden sollen neben Kernaussagen in Stellungnahmen zu assistiertem Suizid in Deutschland und in der Schweiz einige im-mer wieder in die Diskussion eingebrachte, teilweise sehr allge-mein oder plakativ gehaltene Aspekte hervorgehoben werden. Zu-dem stellt sich manchmal die Frage, inwieweit die Empfehlungen der erlebten Realität entsprechen.

Stellungnahme der evangelischen und katholischen Kirche in Deutschland 2003:
Die Tötung eines Menschen als Lösung einer schwierigen Situa-tion, ist eine „Bankrotterklärung der Menschlichkeit. Wir würden zulassen, dass Tod und Aussichtslosigkeit die Oberhand gewinnen" (S. 8). „Euthanasie ist nicht Sterbehilfe, sondern absichtliche Tö-tung." „Der Mensch hat kein derartiges Verfügungsrecht über sein eigenes Leben" (S. 15).[29]

---

[26] http://www.bverfg.de/e/rs20200226_2bvr234715.html: 128.
[27] https://www.gesetze - im- internet.de/gg/BJNR000010949.html.
[28] http://www.bverfg.de/e/rs20200226_2bvr234715.html: 1.
[29] https://www.dbk.de>redaktion>veroeffentlichungen>gem-texte: 8, 15.

Nationaler Ethikrat 2006:

Das Selbstbestimmungsrecht des Betroffenen steht dem Leben als höchstes Gut gegenüber. Es gibt keine Verpflichtung zum Weiterleben. Aber es besteht die Verpflichtung zur „nachdrücklichen Einwirkung auf den Willen des Betroffenen zur Suizidverhinderung" (S. 59). Selbsttötung ist die „negative Freiheit des Lebensrechts" (S. 61). Es handelt sich um eine „fragliche Grundrechtsausübung, wenn dazu die Auslöschung des personalen Grundrechtträgers gehört" (S. 61).[30]

BGH 2010:

„Sterbehilfe durch Unterlassen, Begrenzung oder Beenden einer begonnenen medizinischen Behandlung (Behandlungsabbruch) ist gerechtfertigt, wenn dies dem tatsächlichen oder mutmaßlichen Patientenwillen entspricht und dazu dient, einem ohne Behandlung zum Tode führenden Krankheitsprozess seinen Lauf zu lassen."[31]

Bundesärztekammer 2011:

Die Aufgabe des Arztes ist u. a. Leben zu erhalten. Sie besteht jedoch nicht unter allen Umständen. Wirtschaftliche Erwägungen dürfen keinen Einfluss haben. Entscheidend ist der Patientenwille, auch für den Abbruch begonnener Behandlungen, die das Leben künstlich verlängern würden. „Die Mitwirkung des Arztes bei der Selbsttötung ist keine ärztliche Aufgabe." Alle Entscheidungen

---

[30] Nationaler Ethikrat 2006: 59, 61.
[31] https://www.hrr-strafrecht.de>hrr.

müssen im Einzelfall unter Berücksichtigung aller Umstände getroffen werden. Im Zweifelsfall ist eine Ethikberatung hinzuzuziehen.[32]

Schweizerische Akademie der Medizinischen Wissenschaften (SAMW) 2018:

Suizidbeihilfe „ohne selbstsüchtige Beweggründe" ist laut STGB Art. 115 straffrei. Der angefragte Arzt muss für sich selbst entscheiden, ob er sie nach sorgfältiger Prüfung der Beweggründe und dem Vorliegen der Voraussetzungen leistet. Zu seinen Aufgaben als Arzt zählt sie nicht. Der Betroffene hat keinen Anspruch auf eine solche Leistung durch einen Arzt. Eine der Voraussetzungen, um Suizidbeihilfe durchführen zu dürfen, ist: „Medizinisch indizierte therapeutische Optionen sowie andere Hilfs- und Unterstützungsangebote wurden gesucht und sind erfolglos geblieben oder werden vom diesbezüglich urteilsfähigen Patienten als unzumutbar abgelehnt."

Die Herbeiführung des Todes muss durch den Betroffenen selbst erfolgen. Es handelt sich um einen „außergewöhnlichen Todesfall".[33]

---

[32] https://www.bundesaerztekammer.de>Sterbebegleitung_17022011: A346.
[33] https://www.samw.ch>dam>richtlinien_samw_sterben_und_tod_d: 25-27.

1.6. Offene Fragen

Ethische Aspekte
Die Schwierigkeit, Grenzsituationen ethisch zu beurteilen, liegt in der Diskrepanz zwischen theoretischen ethischen Prinzipien und komplexen Einzelsituationen. Wie können individuelle Lösungen realisiert werden?

Inwieweit sind ethische Analysen oder Rechtsprechungen in Grenzfällen auf andere individuelle Situationen übertragbar?

In Ländern, in denen assistierter Suizid legal ist, existiert eine Grauzone mit Fällen, bei denen die Gründe für eine Genehmigung zum assistierten Suizid zu hinterfragen wären. Es besteht eine Diskrepanz zwischen Gesetzgebung und praktizierter Realität. Wer kontrolliert diesen Bereich? Wer sollte ihn kontrollieren und mit welchen Mitteln?

Kann es einen Maßstab für „unerträgliches Leiden" geben, zumal bei individuell sehr unterschiedlicher Schmerzschwelle und Schmerztoleranz?

Inwieweit steht die externe Perspektive Außenstehender mit der internen Perspektive Betroffener im Einklang, um gemeinsam wichtige Entscheidungen treffen zu können? Inwieweit werden Todeswünsche grundlegend analysiert, z. B. die Fragen geklärt, ob die persönlichen Integrität bedroht ist oder ob die Gefahr besteht, den gesamten Lebenszusammenhang zu verlieren?

Werden alle in Frage kommenden Alternativen mit den Betroffenen und Angehörigen diskutiert und von ihnen auch entsprechend verstanden? Aus welchen Gründen können Alternativen eventuell nicht akzeptiert werden? Sind diese Gründe stichhaltig und ausreichend?

Inwieweit ist ein Betroffener in hoffnungsloser Lage unter physischem und psychischem Stress rational und emotional ausreichend stabil, um über sein Leben unwiderruflich entscheiden zu können? Würde sich seine Haltung im Verlauf des Leidens ändern?

Inwieweit wird bei der Genehmigung und Durchführung assistierten Suizids berücksichtigt, dass der Wunsch danach unterschiedlich zu beurteilen ist je nachdem, ob er am Anfang oder nach langer Leidensphase geäußert wird?

Inwieweit beeinflussen, zum Teil versteckte eigene oder fremde Interessen lebenswichtige Entscheidungen? Welche Normen liegen der Antwort auf die Frage nach dem, was gut oder was richtig ist, zugrunde?

Ist „Unantastbarkeit des Lebens" für die Betroffenen eine Grundeinstellung, eine begründete Haltung oder nur eine Handlungsanweisung ohne innere Beteiligung und Überzeugung?

Medizinische Aspekte
Inwieweit wird der Tod als das geringere Übel angesehen und damit das Leben verhandelbar?

Welchen Einfluss hat die Erleichterung des Suizids durch Medikamente auf die Einstellung zum assistierten Suizid?

Wie kann Professionalität und Empathie vereint und konstant vermittelt werden? Wie äußert man adäquat dem Betroffenen gegenüber Empathie, Liebe und Mitleid? Wann ist die Grenze zur Sentimentalität überschritten? Welche Grenzen setzt der Betroffene? Wo stößt die Begleitperson an ihre Grenzen?

Inwieweit ist eine Patientenverfügung aussagekräftig, die in guter Verfassung angefertigt wurde, wobei sich jedoch niemand wirklichkeitsgetreu vorstellen kann, wie man in einer Krisensituation reagieren wird? Steht man, wenn es „so weit" ist, immer noch zu dem, was man früher einmal verfügt hat? Hängt man unter Umständen nicht doch noch am Leben und kämpft darum, es zu verlängern?
Der Wille des Betroffenen hat heutzutage vorrangige Geltung für lebenswichtige Entscheidungen. Ist er als Maßstab geeignet, wenn die menschliche Begrenztheit bedacht wird?

Wie kann der drohenden Überforderung des Arztes begegnet werden, z. B. bei der Beurteilung der Patientenverfügung, im Umgang mit seelischen, oft nur indirekt zum Ausdruck gebrachten Bedürfnissen des Patienten, bei diagnostischen oder therapeutischen Entscheidungen, deren Konsequenzen nicht klar vorhersehbar sind oder bei eigenen, durch die Betreuung des Sterbenden auftretenden Fragen und Belastungen?

Inwieweit beeinflusst die Einstellung des Behandelnden zum assistierten Suizid seine Therapie?

Gesellschaftliche Aspekte

Was steckt hinter der lauten Forderung nach Selbstbestimmung? Könnte es die Vorstellung einer als absolut geltenden Autonomie sein? Oder verbirgt sich hinter der unüberhörbaren Äußerung ein tiefsitzendes mangelndes Vertrauen anderen gegenüber?

Was ist die Ursache für die steigende Anzahl der Befürworter assistierten Suizids? Wird diesbezüglich vielleicht die öffentliche Meinung manipuliert? Und falls ja, durch wen und wie? Warum findet die über Sterbehilfe rege geführte akademische Diskussion kaum Resonanz in der breiten Öffentlichkeit?

Welche Aussagekraft haben Statistiken oder Fallmeldezahlen? Wieviel Suizidbeihilfefälle werden nicht gemeldet? Welche an sich wichtigen Differenzierungen werden in Statistiken unterlassen? Welche intentionalen Rückschlüsse werden gezogen?

Welche Aussage- und Suggestionskraft haben Fallbeispiele z. B. in Zeitungsartikeln oder Filmen? Welche Alternativen werden verschwiegen?

Inwieweit werden persönliche Ängste[34] von der Gesellschaft und Politik ausreichend wahrgenommen, differenziert analysiert und entsprechende Konsequenzen gezogen?

---

[34] S. Kap. 2.4.

Welche konkreten Veränderungen in der Gesellschaft könnten Menschen in schwierigen Situationen so unterstützen, dass sie ihr Leben und Lebenskrisen besser bewältigen können?

Durch welche strukturellen und finanziellen Maßnahmen kann die Familie, auch in ihren neuen Erscheinungsformen, unterstützt werden?

Schutz des Lebens, Selbstbestimmung und Solidarität müssen zusammenspielen[35] – mit diesem Gedanken des Nationalen Ethikrates soll die vielfältige Art und Weise, wie die verschiedenen Ebenen miteinander verwoben sind und die Komplexität der offenen Fragen und möglichen Antworten im Zusammenhang mit assistiertem Suizid zusammenfasst werden.

---

[35] Vgl. Nationaler Ethikrat 2006: 71.

2. Gesellschaft / Politik

Es wird bislang wenig darüber diskutiert, inwieweit historische Ereignisse und Entwicklungen, heutige strukturelle Gegebenheiten sowie mentale und emotionale Strömungen in der westlichen Gesellschaft direkt und/oder indirekt die öffentliche Meinung und die Haltung einzelner assistiertem Suizid gegenüber beeinflussen. Diese Frage ist insofern zukunftsrelevant, als die Lösung diesbezüglich erkannter gesellschaftlicher Probleme positive und lebensmotivierende Auswirkungen auf die einzelnen und die Gesellschaft insgesamt haben könnte.

2.1. Entwicklung der westlichen Gesellschaft

Die Geschichte Europas beginnt im dritten Jahrtausend vor Christus, in deren Verlauf sich die antike Gedanken- und Ordnungswelt mit der im Norden Europas herrschenden Lebensart verbindet. Entscheidend wird das Christentum mit seinem durch die Erlösung begründeten Menschenbild, das den Menschen als freie Person mit der daraus folgenden verantwortungsbereiten Kreativität sieht,[36] wodurch Gesellschaft, Kultur und Wirtschaft nachhaltig beeinflusst werden.

Im frühen Mittelalter leben die Menschen in einem „Personenverband"[37], d. h. im Verbund ihrer Sippe, ihres Stammes oder Lehnshofes. Die Gesellschaft ist in Stände unterteilt: Klerus und Adel als begüterte, Bildung und Macht beanspruchende Oberschicht auf der

---

[36] Vgl. Guardini 1979: 54 ff.
[37] Nitschke 1991: 276.

einen und die Bauern auf der anderen Seite. Vorherrschend ist eine Agrarwirtschaft, die von Großfamilien betrieben wird, in denen alle Mitglieder, auch die Kinder, die ihnen jeweils zugeordneten sozialen und ökonomischen Aufgaben erfüllen. Die Bauern sind anfangs mehrheitlich noch frei, müssen jedoch an Klerus und Adel Tribute leisten.

Im Hochmittelalter wird Land für die wachsende Bevölkerung urbar gemacht. Agrarflächen werden entweder vom Landbesitzer selbst oder von zinspflichtigen bzw. von unter Grundherrschaft stehenden Bauern bewirtschaftet, größere landwirtschaftliche Flächen werden erstmals verpachtet. In den neu gegründeten Städten formieren sich Handwerkerzünfte mit einem expandierenden regen Handelsverkehr (Hanse). Bildung wird bislang nur innerhalb der Klöster dem klerikalen Nachwuchs oder der begüterten Oberschicht gewährt.

Im Spätmittelalter wüten der Hundertjährige Krieg und die Pest. Besonders in ländlichen Regionen macht sich der dadurch ausgelöste Bevölkerungsschwund bemerkbar und wird durch die Abwanderung in die Städte verstärkt. Viele Familien sind nicht mehr in der Lage, ausreichend für ihre bedürftigen Angehörigen selbst zu sorgen, für die nun neu errichtete Armen- und Krankenheime die Pflege übernehmen. Durch die Erfindung des Buchdrucks können sich wissenschaftliche Erkenntnisse verbreiten. Kinder aus einfachen Verhältnissen erhalten die Möglichkeit, Lesen und Schreiben zu lernen. Die Spezialisierung der Handwerker und der Handel weiten sich aus. Hieraus und aus neuen Berufsständen wie Verwaltungsbeamte erwächst die bürgerliche Mittelschicht. Geldbesitz wird wichtiger als Grundbesitz.

Die Entwicklung der Neuzeit ist komplex, aber auch konsequent. In der Renaissance werden Weisheit und Kultur der Antike wiederbelebt, die Wissenschaft ersetzt die Mystik, der Mensch rückt ins Zentrum der Weltordnung.

Mit Beginn der Aufklärung wächst das Interesse an den Wissenschaften, die sich zunehmend von der kirchlichen Doktrin abgrenzen und technische lebenserleichternde Neuerungen zur Folge haben. Die Gesellschaft differenziert sich beruflich und sozial. Städtische Familien sind nicht mehr Lebens- und Arbeitsgemeinschaft in einem. 1789 erfolgt im Zuge der französischen Revolution die Erklärung der Menschenrechte.

Nationalstaaten formieren sich im 19. Jahrhundert, expandieren, rohstoffimportierend und sich auf Kosten der Kolonien bereichernd, währenddessen sich innenpolitisch die sozialen Spannungen zwischen Arm und Reich verschärfen. Durch die industrielle Revolution werden gesellschaftliche Denk- und Verhaltensmuster grundlegend verändert. Manufakturen, Fabriken und der Handel verdrängen die Agrarwirtschaft von ihrem zentralen volkswirtschaftlichen Platz. Neue Verkehrs- und Kommunikationsmittel ermöglichen sowohl physische als auch geistige Mobilität und Vernetzung. Die Emanzipationsbewegung der Frauen, die bereits bei den Beginen im 12./13. Jahrhundert ihre Wurzeln hat, weitet sich aus. Die Familie privatisiert sich, Ehen werden aus Zuneigung und nicht mehr primär durch Absprachen zwischen den Familien oder aus ökonomischen Gründen geschlossen.

Zusammenfassend zeigt sich auf der einen Seite eine bis heute kontinuierliche Entwicklung, z. B. von der Agrarwirtschaft hin zu spezialisierten neuen Berufszweigen und von lokalem Handwerk hin zu einem überregionalen Handelsnetzwerk. Bildung wird allen

Bevölkerungsschichten zugänglich. Mit der Etablierung neuer Errungenschaften wie beispielsweise der Industrialisierung oder zuletzt der Digitalisierung erfolgt eine einschneidende Richtungsänderung mit Auswirkungen auf den einzelnen und die Gesamtgesellschaft.

2.2. Skizze der heutigen westlichen Gesellschaft und ihrer Lebensphilosophie

Die Betrachtung der heutigen Gesellschaft kann das „Warum" der Thematik aus anderer Perspektive beleuchten. Welche Veränderungen in der Gesamtgesellschaft haben Auswirkungen auf familiäre oder individuelle Entwicklungen und umgekehrt? Inwieweit kann eine sich verändernde Gesinnung in der Gesellschaft zur Gewohnheit werden und dazu führen, dass sie weitgehend akzeptiert wird und entsprechende Erwartungshaltungen hervorruft? Wie wird das Altern gesehen und gelebt und welche Auswirkung hat das wiederum auf die Gesamtgesellschaft? Nehmen existentielle Ängste generationenübergreifend zu und wenn ja, warum?

In die Gesellschaft werden wir hineingeboren und durch sie geprägt, wir beginnen, über sie nachzudenken, ihre Strukturen zu erkennen und zu hinterfragen. Im Lauf der Jahre werden wir mit der „Wirklichkeit" konfrontiert. Realität ist das heutige Synonym für Wirklichkeit. Inwieweit sind subjektive Realitäten mit der objektiven Wirklichkeit identisch? Gibt es eine Wirklichkeit hinter der sicht- und erlebbaren Realität?

Die Neuzeit ist u. a. geprägt durch Digitalisierung, Technisierung und Rationalisierung des Alltags und Denkens, durch noch unübersichtliche Chancen und Risiken der künstlichen Intelligenz und Genmanipulation, durch die phantasieanregende Wunschvorstellung, Leid und Tod zu beseitigen, durch die Vielfalt an Informationen, Angeboten und Möglichkeiten und durch eine nicht nur bei Jugendlichen wachsende Zukunftsangst.

Der westliche Mensch betrachtet sich seit langem als evolutionär hochentwickeltes, im Mittelpunkt der Welt stehendes Individuum, wenn auch überraschende (Natur-)Katastrophen oder die Erkenntnis, dass gravierende Wissenslücken bestehen, so manchem seine Begrenztheit deutlich werden lassen. Die meisten streben nach Unabhängigkeit und nach der Respektierung ihrer Rechte. Sie wollen ihr Leben selbst gestalten, ihre Fähigkeiten im Beruf und im privaten Leben verwirklichen und vorankommen sowie informiert auf dem Laufenden bleiben, um mitreden und mitentscheiden zu können.

Kontinuierliche Weiterbildung, Flexibilität, Mobilität, Erreichbarkeit und Verfügbarkeit sind Arbeitsplatz- und Karrierevoraussetzungen. Dem stehen Zeitverträge, internationale Konkurrenz und ein spezialisierter, beschränkter Arbeitsmarkt gegenüber, allerdings mit zunehmend neuen, Eigeninitiative erfordernden Arbeitsbereichen. Sozial niedrigere Schichten haben inzwischen Berufe und Stellungen übernommen, die früher nur höheren Klassen vorbehalten waren. Männlich dominierte Bereiche und Führungspositionen werden zunehmend auch von Frauen besetzt. Beide Elternteile sind meist berufstätig, um die im Studium oder in der Ausbildung erworbenen Kenntnisse umzusetzen, um finanziell zurechtzukommen oder um den gewünschten Lebensstandard zu halten.

Selbst gesetzte oder suggerierte Ansprüche an die Gesellschaft und Konsumwünsche beeinflussen zunehmend das soziale Verhalten, verstärkt durch manipulierende Reklame des inzwischen wirtschaftlich dominanten Dienstleistungssektors. Bedürfnisse entstehen nicht mehr aus einer Notwendigkeit heraus, sondern werden provoziert. Ebenso fremdgesteuert werden Wertvorstellungen hinsichtlich dessen was lebenswert, befriedigend und sinngebend ist. Die innere Ausrichtung zielt auf ein Mehr, auf Quantität, weniger auf eine qualitative Ausformung oder Vertiefung des freiwillig nach außen hin begrenzten Lebensinhaltes. Lebensqualität wird durch alles, was das eigene Erleben subjektiv reicher, freier und schöner macht, bestimmt.

Infolge der Technisierung haben sich Denken, Arbeitsweise, Ansprüche und Gewohnheiten dauerhaft verändert. Sie hat dazu geführt, dass dem Materiellen der Vorrang vor dem Geistigen und Seelischen eingeräumt wird. Das Leben ist leichter, sicherer, vielfältiger, aber auch abhängiger geworden. Arbeitsprozesse haben den Umgang mit der Zeit so weit verändert, dass der Mensch seinen Tagesablauf und sich selbst nun durch die Zeit regulieren und sich damit unter Druck setzen lässt.

Die Technisierung hat zur Spezialisierung geführt, andererseits fördert die Spezialisierung die technologische Weiterentwicklung. Der Blick für ein Ganzes geht jedoch verloren, wenn Spezialwissen auf Kosten der Erkenntnis von Zusammenhängen mit anderen Gebieten und den damit verbundenen Risiken immer detaillierter wird. Allgemeinwissen schrumpft trotz oder gerade wegen der digitalen Informationsflut, das Verstehen nimmt ab. Sobald das Ganze aus dem Blick gerät, verkümmert auch das Bewusstsein, für das Ganze verantwortlich zu sein. Durch das Spezialwissen nimmt die Macht von einzelnen zu. Die Gefahr besteht, dass sie die Kontrolle über ihre Macht verlieren, diese sich verselbstständigt und sie vorantreibt, soweit, dass sie dazu bereit werden, ethisch fragwürdige Entscheidungen zu treffen.

Digitalisierung in der Arbeitswelt ermöglicht die überregionale und globale Vernetzung. Im Bereich der sozialen Medien werden Kampagnen organisiert, Augenzeugenberichte per Video übertragen, „Likes" kontrollieren die Privatsphäre. Das Internet ist eine unerschöpfliche, aber auch fragwürdige Informationsquelle. Mutmaßende, abschätzige Meinungen werden ohne rationale und sachkundige Begründungen aus einer ideologischen Motivation heraus verbreitet. Sicherheitslücken im Netz werden missbraucht. All dies schürt Angst, ebenso wie die realisierbaren neuen Errungenschaften, z. B. die künstliche Intelligenz, deren Risiken jedoch noch nicht abschätzbar sind. Das menschliche Denken und Verhalten, die Sprache und der Charakter des Menschen werden dadurch beeinflusst und verändert werden. Der Ruf nach dem Schutz der Umwelt ist laut hörbar, doch vermissen viele den Ruf nach dem Schutz der menschlichen Person, d. h des menschlichen Wesens.[38]

Pluralismus, die zur Verfügung stehende Vielfalt, birgt ihre Chancen. Unterschiedliche aber gleichwertige Möglichkeiten führen u. a. dazu, Verschiedenes auszuprobieren. Jüngere sind eher projektorientiert und weniger interessiert an langwierigen Prozessen, wobei hier auch Zukunftsunsicherheit eine Rolle spielen mag. Der

---

[38] S. Kap. 3.2.

persönliche Entscheidungsspielraum wächst, was manchen überfordern kann, bis hin zur Scheu und Unsicherheit, Entscheidungen zu treffen. Andere sind gelassen, sich je nach Entwicklung der Gegebenheiten mit diesen zu arrangieren und zu improvisieren. Unterscheidungsklarheit zu gewinnen, wird durch Reizüberflutung und den Mangel, diese aus einer inneren Distanz heraus zu beurteilen, erschwert. Verantwortung zu übernehmen und durchzustehen, vor allem wenn sie beschwerlich wird oder den eigenen Interessen hinderlich ist, wird zu einer Herausforderung.

Gesunder Menschenverstand, Realitätssinn und eine objektive Sichtweise, d. h. die Priorisierung des Verstandes, haben zur Folge, dass sinnliche Erlebnisse und Emotionen verdrängt werden, bis diese, sofern sie noch vorhanden sind, unkontrolliert ausbrechen. Über das eigene Befinden zu sprechen, fällt zunehmend schwer. Die eigene Verletzlichkeit und die persönlichen Ängste bleiben verborgen ebenso wie eine tiefe Sehnsucht nach Halt und Gemeinschaft, nach Antworten auf Lebensfragen, die in der Öffentlichkeit nicht mehr gestellt werden, aber vorhanden sind, oder nach Ankerpunkten, um sich orientieren zu können. Auch hier wird ausprobiert: Traditionelles wird mit neuer Spiritualität oder Ideologie vermengt, bzw. es werden Alternativen zur gemeinschaftsbildenden religiösen Verwurzelung gesucht. Christliche Werte sind zwar noch bekannt, aber vom eigentlichen Leben entkoppelt. Dort, wo sie aufleuchten, etwa in der heutzutage unüblichen, den Nächsten höher als sich selbst achtenden und vorbehaltlosen Liebe,[39] bleiben sie doch von den meisten unbemerkt. Spiri-

---

[39] Johannes 13, 34 f.

tualität ist kein Gesprächsthema mehr und wenn, dann nur in Gruppen Gleichgesinnter als subjektives Erleben. Eine geistige, übergeordnete Instanz ist für das alltägliche Leben vieler Menschen bedeutungslos. Leben in vollkommener Gleichgültigkeit „Gott" gegenüber ist zur Normalität geworden. Religiöse Empfänglichkeit und Innerlichkeit verkümmern und hinterlassen eine sehnsuchtsvolle Ödenis. Damit schwindet aber auch Geheimnisvolles, das Leben wird zu einem biologisch-wissenschaftlichen Ablauf. Was nicht logisch nachvollziehbar, was nicht beweisbar ist, wird in Frage gestellt und entschwindet aus dem Lebenshorizont. Wahrheit wird irreal oder relativ.

Das Lebendig-Unmittelbare wird selten erlebt. Sentimentalität oder Sachlichkeit treten an die Stelle von Empfindsamkeit. Es bleibt bei einer „netten Unverbindlichkeit"[40]. So wie physisches Leiden wird soziales Leid vermieden, indem man sich nicht mehr auf etwas einlässt, was sich z. B. in einer Bindungsscheu oder häufigem Wohnungswechsel äußern kann. Die Folgen sind Abstumpfung, Entfremdung, innerliche Distanz in familiären Strukturen oder Vereinsamung. Es ist selten geworden, von anderen verstanden zu werden, gemeinsam schweigen zu können oder sich in die bewusste Einsamkeit zurückzuziehen.

Modern zu sein, heißt, mit einzustimmen in den Chor der wechselnden Befindlichkeiten der Zeit. Diejenigen, die Einwände vorbringen oder Widerstand leisten, werden als rückständig angesehen. Persönliche oder medial gesteuerte Meinungen stehen eigenen Überzeugungen und bewusst getroffenen Stellungnahmen gegenüber. Es ist schwer, sich der Suggestion gänzlich zu entziehen.

---

[40] Thielicke. Bd. 3. 1964: 61.

Was oft genug verbreitet wird, setzt sich in Denk- und Wunsch-schemata fest, bis schließlich Gewohnheiten, Überzeugungen und Handlungen sittliche Geltung erlangen, auch wenn es dabei zu Tabubrüchen kommt. „Warum denn nicht, wenn es doch möglich ist?" Aus Ausnahmefällen werden Regelfälle, die Bedingungen für die Ausnahmen werden erweitert, früher ausgeschlossene Verhal-tensweisen und Handlungen werden *normal*.

Die eigene Lebensweise und die damit verbundenen Überzeugun-gen können bei den anderen Anerkennung und Wertschätzung fin-den, aber auch Unverständnis oder sogar Ablehnung hervorrufen, je nachdem, in welcher Form sie geäußert werden und wie populär sie gerade sind. Wer nicht mitzieht, vereinsamt. Und auch wer mit-zieht, bleibt im Grunde genommen allein, wenn er nicht Gruppen sucht, in denen er als Person wahrgenommen wird. In welchem Ausmaß ist heutzutage das Interesse am anderen, Vertrauen, Of-fenheit und gegenseitiger Respekt erfahrbar?

Wer manipuliert die Masse? Motivation dafür ist die finanzielle, politische oder ideologische Gewinn- bzw. Machtmaximierung. Meist sind es nicht Einzelpersonen, sondern Gruppen oder Lobbys, die u. a. durch finanzielle Einflussnahme oder Psychoinfiltration manipulieren. Nicht nur die öffentliche Meinung, sondern auch das Privatleben, die Freizeitgestaltung und die Konsumansprüche wer-den beeinflusst. Massenmedien, zunehmend in digitaler Form, spielen dabei eine wesentliche Rolle. Publizierte Umfrageergeb-nisse lenken die öffentliche Meinung ebenso wie die Art, der Inhalt und die Häufigkeit der Berichterstattung oder dass über gewisse Themen gar nicht berichtet wird.

Manipulation wird dafür benutzt, die Interessen politischer, sozia-ler und wirtschaftlicher Gruppierungen zu erfüllen, ohne dabei

Rücksicht auf moralische Prinzipien zu nehmen. Menschen werden in ihrem Denken und damit in ihrem Handeln, das sie folgerichtig darauf abstimmen, gesteuert. Es gibt kein Kontrollorgan, das die Grenzen der Manipulation festlegt.

Objektive Werte und ethische Normen haben ihre Wurzeln in der jeweiligen Kultur. Diese Grundlagen werden im Kindesalter vor allem durch die Familie und Schule vermittelt und können im Nachhinein nicht ohne Weiteres angeeignet werden. Sobald sie nicht mehr in die Praxis umgesetzt werden, gehen sie verloren und werden durch andere Kriterien, z. B. Nutzen oder Erfolg, für die Legitimation von Handlungen ersetzt.

Inwieweit ist die Beziehung des Menschen zu seiner Umwelt aus dem Gleichgewicht geraten? Die Natur besteht unabhängig vom Menschen, er hat sie nicht geschaffen, er kann nur in ihr leben, sie nutzen oder verändern. Die Reaktion der Natur auf menschliche Einwirkung erfolgt teilweise nach vorhersehbaren Gesetzmäßigkeiten, jedoch auch unvorhergesehen und überwältigend. Ab einem gewissen Ausmaß der Veränderung aufgrund menschlicher Eingriffe kehrt sie nicht mehr in den Urzustand zurück. Natur verliert das Bergende, entblößt unvorhergesehene Konsequenzen menschlichen Eingreifens und entwickelt Eigendynamiken. Entspricht das Maß der Verantwortungsfähigkeit des Menschen dem Maß seiner Macht, natürliche Vorgänge beeinflussen und verändern zu wollen und zu können? Inwieweit steht der heutige Mensch vor einer ständigen Überforderung bzw. in unauflösbaren Interessenskonflikten?

Ängste wachsen durch den Vertrauensverlust in die Kompetenz und Aufrichtigkeit der Politiker und in die Macht der Politik, Probleme lösen zu können. Zu stark sind sich gegenseitig hemmende Interessenkonflikte. Strukturen haben sich etabliert, die zu hinterfragen und grundsätzlich zu verändern wären, um dem Wesen des Menschen wieder gerecht werden zu können. Es mangelt sowohl an einer überparteilichen Konsensfindung, um längerfristige Projekte über eine Legislaturperiode hinaus umzusetzen, als auch an einer miteinander vereinbarten, regulativen Mitwirkung der Politik in der freien Marktwirtschaft.

Die Umsetzung vieler gesellschaftlicher Projekte wird durch Bürokratie, Kommunikationsprobleme, ungeklärte Verantwortlichkeiten oder mangelnde Kontrolle einzelner Instanzen behindert. Weil normative Unsicherheit herrscht, enden entsprechende Problemfälle zunehmend vor dem Bundesverfassungsgericht. Oft gerät das Eigentliche aus dem Blick, nämlich dass Staatsbürger Personen sind, und dass die Autorität des Staates in der Freiheit dieser Personen gründet, sich dem Staat gegenüber verpflichtet zu fühlen. Ängste, die ohne adäquate Reaktion der etablierten Parteien bleiben, öffnen Populisten Tür und Tor, durch die, mit wiederum wachsender Verunsicherung, weitere Ängste geschürt und Fehlinformationen gestreut werden und die Spaltung der Gesellschaft vorangetrieben wird. Die Perspektive der Populisten ist auf das ausgerichtet, was Menschen bewegt. Mit allen Mitteln werden Wut und Vertrauensverlust in der Bevölkerung potenziert, um daraus eine „Bewegung" zu machen. Fake-News und Emotionen treten an die Stelle von objektiver Berichterstattung und Vernunft. Fachwissen, Aufklärung oder am Gemeinwohl orientierte Problemlösungen rücken in den Hintergrund.

2.3. Strukturanalyse der Familie

Demographie
In westlichen Industriestaaten ist durch den Geburtenrückgang und die längere Lebenserwartung (Männer: 77,7 J.; Frauen: 82,7 J.) bei verminderter Säuglingssterblichkeit (unter 1 %) ein „kopflastiger Altersaufbau"[41] entstanden. Noch überwiegt der Frauenanteil im Altersgipfel, was durch die Kriegsjahrgänge zu erklären ist, doch wird sich das Verhältnis in einigen Jahren ausgleichen.
Die Anzahl der Haushalte nimmt zu und ihre Größe ab. Von den 75 % Haushalten, in denen nur eine Generation lebt (Alleinstehende, Paare ohne Kinder, Senioren), ist schon jetzt jeder vierte ein Seniorenhaushalt. 94 % der Betagten und 2/3 der Pflegebedürftigen leben zu Hause.

Familie
Heutige Familien sind vertikal und multilokal strukturiert, d. h. es leben mehr Generationen, die in sich zahlenmäßig geringer sind, nebeneinander, aber nicht mehr unter einem Dach. Die gemeinsame Lebenszeit ist länger, die Zahl der Geschwister geringer, bis zu 4 Generationen leben gleichzeitig.
Die Gründung einer Familie erfolgt seltener und später als in der ersten Hälfte des 20. Jahrhunderts, nachdem sich die finanzielle Situation stabilisiert hat, so dass auch für Kinder ausreichend gesorgt werden kann. Doch sind es weniger ökonomische als emotionale Beweggründe, die zu einem gemeinsamen Leben führen.

---

[41] Klein 2016: 45.

Die Zahl der nichtehelichen Partnerschaften nimmt zu, was ebenso wie die Scheidungsrate durch den größeren Partnermarkt infolge zunehmender Mobilität oder digitaler Heiratsmärkte beeinflusst wird. Auch die gesellschaftliche Akzeptanz der Scheidung, eine geringere Beziehungsstabilität und zunehmende Selbstfindungstendenzen sowie anspruchsvolle Berufe der Frauen, durch die diese wirtschaftlich unabhängig werden, tragen dazu bei.

Die Familien sind kleiner, da Großeltern oft nicht mehr im Familienverband, sondern selbständig, zunehmend auch in alternativen Wohnformen leben und die Kinderzahl durch ältere Erstgebärende oder aus wirtschaftlichen Gründen geringer ist. Hauptbezugspunkt für die Älteren bleibt zunächst noch die Familie, was sich jedoch im Lauf der Zeit durch die sich weiterhin verändernden Familienstrukturen wandeln kann.

Familiäre Normen haben sich geändert. Situationsbezogene Verhaltensweisen nehmen zu, d. h. man wählt flexibel diejenigen aus, die am besten zum eigenen Vermögen, sowie den sich ändernden individuellen Plänen, Bedürfnissen und Wünschen passen. Die Beziehungen zwischen den Generationen verbessern sich aufgrund der lokalen Distanz, was sich u. a. in einer höheren sich wechselseitig entgegengebrachten Toleranz äußert. Die Bereitschaft, ältere Menschen zu unterstützen, besteht zwar nach wie vor, doch haben die Möglichkeiten hierzu aus unterschiedlichsten Gründen abgenommen. Der Drang nach Unabhängigkeit und das Bedürfnis, soziale Beziehungen am eigenen Wohnort zu pflegen, kollidiert mit dem unverminderten Bedürfnis, den Eltern oder Großeltern gegenüber Solidarität zu zeigen. Neue Familienstrukturen, eventuell mit Kindern aus verschiedenen Partnerschaften, wirken sich auf die Diversifizierung der Familienzugehörigkeit aus, wodurch die konventionellen Familienbande, die Beziehungsstärke und -dauer zwischen den Verwandten und damit die Verlässlichkeit aufgelockert werden.

Pflege
Die Zahl der pflegebedürftigen Menschen in Deutschland wird laut dem OASIS Final Report[42] bis 2030 auf ca. 3,5 Millionen steigen. 71 % von ihnen werden bislang zuhause versorgt, davon 2/3 von Angehörigen, wobei bei Eheleuten sich meist der rüstigere um den pflegebedürftig gewordenen Partner kümmert. 38 % der Betreuenden sind Töchter, die meisten von ihnen sind berufstätig. 34 % der befragten Kinder weisen die Verantwortung zurück, ihre Eltern zu pflegen, falls dies notwendig werden sollte.
1/3 der Angehörigen, die Pflege leisten, fühlen sich dadurch eingeschränkt und belastet. Die eigene Erwerbstätigkeit wird in 15 % der Fälle aufgegeben. 72 % schätzen die Vereinbarkeit zwischen Pflege und Beruf als schlecht ein und wünschen sich eine bessere Unterstützung seitens der Gesellschaft.
Soziale Dienste nehmen den Angehörigen die Last, ständig vor Ort sein zu müssen, doch fühlen sich diese nach wie vor verantwortlich. Die Schwerpunkte verlagern sich: Anstatt Angehörige zu pflegen, übernimmt man eher die Rolle als Koordinator, als emotionale Stütze oder als Hilfe bei bürokratischen Tätigkeiten.
Nach dem 85. Lebensjahr steigt die Zahl der Heimunterbringungen. 90 % der alten Menschen sterben im Krankenaus oder im Pflegeheim.[43]

---

[42] Lowenstein, A., Ogg, J. (Hrsg.) (2003). *OASIS Final Report.*
oasis.haifa.ac.il/downloads/oasis-final-report.pdf
[43] Vgl. Nationaler Ethikrat 2006: 38.

Alter und Lebensqualität

Für die gestiegene Gesamtüberlebenszeit ist die erhöhte Lebenserwartung bei der Geburt der wichtigere Faktor als die verbesserte Altersüberlebensrate. Beeinflusst wird die Lebenserwartung durch Bildung, Einkommen, Familienstand und dem Verhältnis zwischen Belastungs- und Erholungszeiten. Eine erhöhte Gesamtüberlebenszeit verändert die Lebensplanung, verlangsamt den Generationenwechsel und damit den Wandel der gesellschaftlichen Werte. Zusammen mit dem wirtschaftlichen Fortschritt, der die Gesamtbevölkerungszahl, damit aber auch die Zahl der Armen wachsen lässt, verschärft sich die Differenz zwischen Arm und Reich.[44]

Die Heterogenität der älteren Generation in Bezug auf Lebensstil, Bildungsniveau, Weltanschauung und wirtschaftliche Situation nimmt zu, woraufhin sich ein eigener privatisierter, profitorientierter Markt mit z. T. anspruchsvolleren und vielfältigeren Betreuungsangeboten entwickelt hat.

Lebensqualität umfasst das physische, emotionale, spirituelle, soziale und materielle Wohlergehen. Was man darunter im Einzelnen versteht, ist subjektiv und wird durch die eigene Persönlichkeit sowie durch die bisherigen Erlebnisse beeinflusst. Ältere Menschen geben oft an, dass ist es ihnen wichtig ist, aktiv und autonom zu bleiben, was auch bedeutet, von den Kindern unabhängig zu sein, nicht von ihnen kontrolliert zu werden und weiterhin über einen eigenen Lebens- und Handlungsspielraum zu verfügen. Auf der anderen Seite besteht die Sorge, bei Hilfsbedürftigkeit den vielfältig beanspruchten Kindern zur Last zu fallen. Pflegedienste werden eher von den Hochbetagten akzeptiert. Insgesamt wird die

---

[44] Vgl. Menning 2007: 100.

Notwendigkeit, soziale Dienste in Anspruch zu nehmen, als Minderung der Lebensqualität beurteilt.

2.4. Gesellschaft und assistierter Suizid

Die gesellschaftliche Situation in der westlichen Welt ist komplex und kontrovers. Welche gesellschaftlichen Faktoren lassen sich erkennen, die eine steigende Akzeptanz des assistierten Suizids begünstigen?

Der Alltag einer jungen durchschnittlichen Familie muss in Bezug auf Arbeit, Schule, anderweitiger fester Termine, Familie und Freizeit aufeinander abgestimmt organisiert werden. Die Gedanken sind auf Gegenwärtiges konzentriert. Für Fragen, die darüber hinausgehen, fehlen Zeit, Kraft und Muße.

Die Familie als soziale und psychische Stütze bröckelt. Sie kann aus verschiedenen Gründen weder finanziell noch personell auf Dauer Hauptversorger älterer und pflegebedürftiger Angehöriger sein. Alternativen wie z. B. ein koordiniertes ausreichendes Pflegeangebot, die Bereitstellung bezahlter Pflegeperioden für Angehörige etc. sind bislang unausgereift, bürokratisch kompliziert, unzureichend koordiniert oder finanziell nicht abgesichert.

Angst ist eine weitverbreitete Grundstimmung in der Gesellschaft und wird u. a. ausgelöst durch

- eine ungewisse oder unzureichende finanzielle Alterssicherung,

- die Gefahr, im Alter einsam, von anderen abhängig und ihnen ausgeliefert zu sein,
- die Möglichkeit des unerwünschten Einsatzes technischer und wissenschaftlicher Errungenschaften, besonders in Grenzsituationen,
- Zukunftsängste (in privater, kultureller, politischer, ökologischer Hinsicht etc.),
- Überforderung infolge der Informationsflut und mangelnden Transparenz, was zu einem schwindenden Verständnis davon führt, was echte Risiken sind und ob bzw. wie diese bewältigt werden könnten,
- einen Vertrauensverlust infolge des offensichtlichen Kontrollverlustes des Menschen und der Politik über unbeherrschbare Naturereignisse und Konsequenzen des technischen oder digitalen Fortschritts,
- digitalen Missbrauch und wie dieser die Privatsphäre bedroht.

Manipulation und Suggestion beeinflussen alle Lebensbereiche, das Denken und die Wertvorstellungen.

Die Anzahl alter Menschen nimmt zu. Die daraus resultierenden sozialen Folgen und Fragen werden thematisiert, u. a. auch das Thema einer selbstbestimmten Lebensbeendigung.

Kennzeichen der modernen Denkweise, die durch die öffentliche Meinung beeinflusst wird, sind u. a. eine gewisse Anspruchshaltung, Rationalität und Realitätssinn, ein Leistungs- und Konkurrenzdenken, die Idee der Wahlfreiheit und Konsumdenken. Gesellschaftliche Maßstäbe wie z. B. Vitalität, Selbstbestimmung oder Lebensqualität können auf einzelne Druck ausüben, sie verunsichern und die Angst schüren, den Anforderungen nicht mehr gerecht werden zu können. Dies kann wiederum Einsamkeit oder das Gefühl, eine Last oder nutz- und wertlos zu sein, zur Folge haben.

Autonomie und Selbstbestimmung werden als Persönlichkeitsrechte angesehen, unter das für viele auch die Entscheidung über das eigene Lebensende fällt.

Es ist unüblich, mühsam und oft auch schwierig, manchmal auf etwas zu verzichten oder, wenn es nötig sein sollte, sich anderen gegenüber abzugrenzen.

Die Privatisierung der Gefühle, das Schwinden der Empfindsamkeit, Sprachlosigkeit oder das Problem, sich gegenseitig nicht mehr zu verstehen, vertiefen bereits bestehende Notsituationen.

Leid oder Tod sind Tabuthemen, mit denen Menschen allein gelassen werden.

Mit dem modernen Atheismus verblassen ethische Normen, woraus Orientierungs- und Haltlosigkeit folgen.

Ethische Konfliktsituationen lassen sich gesetzlich nicht regulieren.

2.5. Biblisch inspirierte Aspekte

Welche Aspekte der christlichen Wirklichkeit verändern gesellschaftliche und persönliche Schwerpunkte und dadurch die Lebensperspektive?

In der jüdisch-christlichen Tradition ist das den Menschen von den anderen Lebewesen unterscheidende Merkmal, dass der Mensch eine Person ist. Dieser personalen Integrität müsste Raum gegeben werden, indem es Menschen ermöglicht wird, sich in der Gemeinschaft zu entfalten und Initiative zu ergreifen, statt sie zu benutzen, zu verwalten oder zu entmündigen. Der einzelne ist gefordert, selbst zu denken, zu prüfen, Verantwortung zu übernehmen und Stellung zu beziehen. Die Würde einer Gesellschaft hängt davon ab, inwieweit Menschen in ihr leben, „die von Leidenschaft für die Werte erfüllt sind, alles daran setzen, dass sie erfüllt werden, dabei aber von sich selbst absehen"[45] und diejenigen mit einbeziehen, die nicht selbst für sich sorgen können.

Zur Integrität der Person gehört das Bestreben nach einem ausgewogenen Leben, z. B. im Arbeitsalltag genügend Pausen oder sportliche Aktivitäten mit einzuplanen.

Das Besondere der familiären Bindungen, wie das Verständnis untereinander infolge vererbter Ähnlichkeiten und der gemeinsamen Familiengeschichte, könnten als Ressource wiederentdeckt werden, wenn u. a. die soziale Unterstützung, d. h. die Unterstützung

---

[45] Guardini Bd. 1. 1997: 102.

in finanzieller, personeller, mentaler, kultureller Hinsicht etc., den Bedürfnissen der behinderten, kranken oder alten Menschen und derer Angehörigen angepasst werden würde.

Durch Transzendenz weitet sich der Blick, das Verständnis vertieft sich. Der Horizont erweitert sich auf Gottes andersartige Möglichkeiten hin.

Gott ist als Schöpfer des Universums normative Instanz, die dem Menschen Orientierung ermöglicht. Die Bibel gibt keine fertigen Lösungen vor, bietet jedoch Grundlagen, auf denen individuell und situationsgerecht Entscheidungen getroffen werden können.

Gott als normative Instanz bedeutet, dass in der Verantwortung ihm gegenüber Grenzen gefunden und gesetzt werden, wenn Situationen oder menschliche Möglichkeiten dem Wesen des Lebens widersprechen, nicht nur in medizinischer sondern auch in gesellschaftlicher (Konsum), wirtschaftlicher (Manipulation) und politischer (Sozialpolitik) Hinsicht.

Daraus folgt weiterhin, dass menschliche Autonomie und Selbstbestimmung nicht überbewertet werden dürfen, sondern ihre Grenzen haben.

Eine normative Instanz ermöglicht Transparenz in komplexen Situationen, ermutigt zu individuellen, eventuell einsamen Entscheidungen und Stellungnahmen und befreit so von vielfältigen Ängsten.

Angst und Vertrauen haben ihren letzten Grund in dem jeweiligen Zustand, in dem sich der Mensch Gott gegenüber befindet. Die Heilsgeschichte zeigt den Weg zu einer ganzheitlichen Gesundheit, die auch in Krisensituationen durch das Fundament der Treue Gottes stabil bleiben kann.

Wenn Spiritualität im alltäglichen Leben zum Ausdruck kommt, verändert sich die Perspektive. Das Dasein wird tiefer und ganzheitlicher, Denken und Empfindung stimmen mit Reden und Handeln überein, der Alltag lässt Raum für Geheimnisvolles und Verborgenes.

Ohne Gott gewinnt die Endlichkeit und mit ihr die Angst. Mit Gott verliert die Angst ihre Macht, da nichts im Leben oder im Tod den Menschen von Gottes Liebe trennen kann.[46]

---

[46] Römer 8, 38 f.

3. Mensch

3.1. Menschenbilder

Woher stammt der Mensch, wer ist er, und wozu lebt er? Das Menschenbild, das jemand hat, ist eng verknüpft mit dem eigenen Selbstverständnis, der eigenen Lebensanschauung und Lebensweise, sowie dem Verhältnis zur Umwelt und zu den Mitmenschen. Für die Beurteilung assistierter Selbsttötung ist es maßgeblich, mit welchem Bild vom Menschen Krisen- und Grenzsituationen sowie Altern und Lebensende betrachtet werden.

3.1.1. Geistesgeschichtliche Ansätze

In der europäischen Geistesgeschichte werden unterschiedliche, ja gegensätzliche Schwerpunkte des Menschseins gesetzt. Es ist nach wie vor ungeklärt, ob der Mensch primär Geist oder Materie ist oder inwieweit sich ein Gesamtbild des Menschen aus den unterschiedlichen humanen Wissenschaften, z. B. der Anthropologie, Soziologie, Entwicklungspsychologie etc., herauskristallisieren lässt. „Der Mensch ist philosophisch nicht aufzulösen."[47]

Im Idealismus ist alles Materielle, und so auch der Mensch, geistigen Ursprungs. Erkennbar wird die Umwelt entweder lediglich als imaginär Materielles, durch Wahrnehmung, die Gegenstände als existent erscheinen lassen, oder es gibt zusätzliche Objekte unabhängig von menschlicher Erkenntnis. Im Leben dient das Gute als

---

[47] Guardini, Bd. 2. 1989: 13.

Maßstab. Der Mensch hat die Begabung, das Gute durch ein vernünftiges und sittsames Leben zu verwirklichen, die Welt entsprechend zu gestalten und so sich selbst zu entfalten. Der Geist ist das über den Tod hinaus Existierende im Menschen. Geist kann auch als Energie im Kosmos verstanden werden, die nie verloren geht und deren eine Ausdrucksform der Mensch ist. Oder man stellt sich vor, dass ein ewig seiender Geist sich in jedem Menschen personifiziert und mit dem Tod in die allgegenwärtige Geistigkeit zurückkehrt.

Materialisten sehen den Menschen als aus reiner Materie bestehend an. Aus dem Urknall entstand Leben, das sich durch Mutation, Selektion und Anpassung differenziert und so weiterentwickelt hat. Im Leben „funktioniert" der Mensch. Seine Kreativität dient der Steigerung des eigenen Wohlbefindens. Denken und Handeln sind rational begründbar, konkret und gegenwärtig. Geistige und transzendente Gedankengänge wirken befremdend. Nach dem Ableben bleibt nichts mehr vom Menschen übrig.

Im Sozialismus ist der Mensch das Produkt seiner Umgebung. Er ist Teil des Sozialgefüges, um es durch sein Dasein mit aufzubauen und zu erhalten. Menschen sind einander gleichgestellt und verhalten sich solidarisch. Für die Existenz realsozialistisch geprägter Systeme werden die Individuation oder die Selbstverwirklichung einzelner zu einer Gefahr.

Der hohe Wert des Einzelwesens steht bei Individualisten im Mittelpunkt: „Ich lebe nur einmal und das, was mir wichtig ist, möchte ich in die Tat umsetzen. Ich bin mir selbst wert genug. Der andere befriedigt mein Bedürfnis nach Kommunikation und Zuwendung."

Purer Egoismus ist die Extremform einer solchen Geisteshaltung; demgegenüber stehen die Altruisten, die auf das Wohl der anderen bedacht sind. Kennzeichnend für Individualisten jeder Prägung ist, dass sie die individuelle Entscheidungsmacht, die schöpferische Tätigkeit, die Unabhängigkeit und das Ruhen in sich selbst als Werte hochhalten. Ziel ist es, sich von der Masse abzuheben und etwas Besonderes zu sein und zu leisten.

Bei allen bisher skizzierten Auffassungen mag Nützlichkeit ein wesentlicher Aspekt sein. Im Utilitarismus, einer Form der zweckorientierten Ethik, werden Handlungen dahingehend beurteilt, ob und inwieweit sie entsprechend einer Kosten-Nutzen-Analyse dem Gesamtwohl dienen.

Deterministen und Existenzialisten fragen, ob die Entstehung und Existenz des Menschen geplant oder zufällig ist, ob der Lebensablauf und die Dauer des Lebens durch Schicksal oder eine höhere Macht vorherbestimmt sind oder ob der Mensch in freier Selbstbestimmung leben kann oder muss. Das geht so weit, dass der Mensch „zur Freiheit verurteilt" ist (Sartre), da er nur so Mensch werden kann. Dieser realisiert sich in der Verantwortung allein sich selbst gegenüber. Eine normative Instanz gibt es in diesem Weltbild nicht. Somit ist der Mensch frei, frei auch darin, über Sinn und Ende seines Lebens allein zu entscheiden.[48]

---

[48] Vgl. Guardini 1999: 40 ff.

3.1.2. Skizze des heutigen Menschenbildes

Wenn jemand heute gefragt wird, welche Vorstellung er vom Menschen habe, löst dies meist Erstaunen aus, da eine solche Frage ungewohnt und für viele kaum nachvollziehbar ist. Eine Erklärung dafür könnte sein, dass sich das Innenleben von der Selbstdarstellung nach außen entkoppelt hat, dass das eigene innere Wesen oft unbeachtet und einem selbst fremdbleibt, so dass es sich nicht in der äußeren Lebensweise widerspiegelt. Ein Leben aus der Tiefe, Intensität und Innerlichkeit heraus, reguliert durch ein Zentrum im Leben, durch das der Sinn und das Wesen des Daseins erkennbar werden, geht damit verloren.[49]

Ein einheitliches Menschenbild lässt sich nicht finden, doch allen gängigen Vorstellungen gemeinsam ist das im Mittelpunkt stehende Individuum, das den Anspruch erhebt, sich aus sich selbst heraus verstehen zu können. Gleichzeitig ist der Mensch für die meisten das Resultat der biologischen Evolution, die eigene Existenz ist zufällig, wobei offen bleibt, wohin die Evolution noch führen wird.

Menschliche Begrenzungen lassen sich durch Fortschritte der Technik überwinden. Andererseits sind durch die Industrialisierung die menschlichen Handlungen und Denkweisen dermaßen beeinflusst worden, dass sie objektiviert werden bis hin zur Rationalisierung des menschlichen Selbstverständnisses. Der Mensch verhält sich autonom, glaubt, frei zu sein und fordert diese Freiheit auch ein. Der Sinn des Daseins liegt für viele darin, eigene Vorstellungen und Ziele zu verwirklichen. Durch die Vielfalt verlo-

---

[49] Vgl. Guadini Bd. 1. 1997: 187 f.

ckender Lebensanschauungen fällt es ihnen schwer, sich festzulegen, eigene durchdachte Überzeugungen – nicht nur Meinungen – zu entwickeln und sie in ihrem Leben umzusetzen. Über Grenzen, Normen und deren Veränderungen meint der Mensch selbst bestimmen zu können. Selbstverwirklichung gelingt entweder aus freiwillig sich selbst gegebenen Normen (Fichte) oder aus sich selbst heraus, ohne den Druck, Pflichten gegenüber irgendjemandem zu haben (Nietzsche).[50] Transzendentes wird relativiert oder geleugnet und im alltäglichen jetztzeitlichen Leben kaum mehr empfunden oder in Betracht gezogen, und wenn, dann kompromissbereit mit Blick auf die Meinung anderer. Werte werden hinterfragbar und unverbindlich, Fragen, die die Lebensgrenzen berühren, verblassen, ebenso wie die Frage nach einer übergeordneten Instanz, die aus dem Blickfeld des Menschen, der sich selbst zum alleinigen Maßstab verabsolutiert hat, entschwindet. Bei der Entscheidung, ob und wann man dem eigenen Leben ein Ende setzt, spielt, ebenso wie bei derjenigen, eine Schwangerschaft abzubrechen, die eigene Befindlichkeit eine wesentliche Rolle. Unglück, Leid oder Tod in nächster Umgebung erschrecken, verunsichern, machen sprachlos und werden verdrängt. Lebenssehnsüchte, -ängste und -fragen, werden aus verschiedensten Gründen, wie z. B. Zeitmangel, ausgeblendet. Ein tragendes Fundament ist verloren gegangen; einen Ersatz hierfür zu finden zusammen mit entsprechenden Orientierungshilfen, bleibt dem Belieben des Individuums anheimgestellt.

Der Mensch unserer Tage ist ein zutiefst sehnsuchtsvolles, suchendes, fragendes und gleichzeitig selbstbewusstes, forderndes und

---

[50] Vgl. Thielicke Bd. 1. 1981: 132 ff.

nach Selbstbestimmung verlangendes Wesen und dabei gefährdet, sich seiner selbst zu entfremden.

3.1.3. Christliches Menschenbild

Das christliche Menschenbild ist fundamental verschieden von den oben skizzierten gängigen Ansichten. Gemäß ihm ist Gott Ursprung und Bezugsperson, auf die der Mensch ausgerichtet ist. Ohne Gott gäbe es den Menschen nicht, und ohne Gott bleibt der Mensch sich selbst unbegreiflich.[51] Gott ist nicht auf den Menschen angewiesen, der Mensch jedoch braucht Gott. Der Mensch wird als Person, nicht als höher entwickeltes Tier betrachtet. Entscheidend für sein Selbstverständnis ist neben der Frage, woher er kommt, vor allem die Frage, woraufhin, d. h. auf wen bezogen er lebt. Zur Verwirklichung seines Wesens braucht der Mensch Transzendenz. Er ist nicht Teil der Natur, sondern die Natur ist, so wie die Welt und die Schöpfung, ihm anvertraut.

Menschliche Zeit ist in Gottes Ewigkeit eingebettet, d. h. auch Geburt und Tod. Dem Menschen sind Grenzen gesetzt, über die er kein Verfügungsrecht hat.

Der Sinn des Lebens ist nicht primär abhängig davon, was der einzelne alles zustande bringt, sondern liegt darin begründet, dass er persönlich von Gott geliebt, geschaffen sowie in seinem innersten Wesen erkannt ist. In dieser transzendenten Beziehung kann er sich als individuelle, durch Christus von seinem „inhärenten Egoismus"[52] befreite Person entdecken. Der Mensch ist kein Kreis,

---

[51] Vgl. Guardini 1999: 50 ff.
[52] Briefliche Mitteilung von A. Solymosi am 22.01.2020.

sondern ein Bogen, der auf etwas über ihn hinaus ausgerichtet ist.[53] Folglich muss sich nicht mehr das Individuum in den Mittelpunkt der Welt stellen, sondern es kann der andere sein, auf den der einzelne bezogen ist. Nicht die Frage „Wer ist mein Nächster?", sondern „Wem werde ich zum Nächsten?" ist die wesentliche.[54] Die Beziehung zu anderen wird nicht mehr dazu missbraucht, um eigene Bedürfnisse zu befriedigen. Vielmehr erfolgt die Ausrichtung des eigenen Selbst auf das Du des anderen als eine Hinwendung zu ihm, aus dem letztendlich ein Miteinander wird. Skepsis gegenüber dem anderen verwandelt sich in den Mut, ihm vertrauensvoll zu begegnen. Aus Gottes vergebender Liebe zu leben, ermöglicht es, Brücken zu bauen. Auf den anderen zuzugehen, bedeutet, über sich selbst hinauszuwachsen.

3.2. Person

Da der Begriff „Person" in der ethischen Debatte unterschiedlich interpretiert wird, man darüber diskutiert, ob spezifische Eigenschaften und/oder Fähigkeiten eine Person kennzeichnen und meines Erachtens der Begriff „Person" eine zentrale Stellung in der Diskussion über assistierten Suizid einnimmt, soll ihm näher auf den Grund gegangen werden.

---

[53] Vgl. Guardini 1998: 20.
[54] Lukas 10, 25–37.

3.2.1. Philosophische Theorien

Eine Person wird entweder durch allein dem Menschen zukommende Eigenschaften oder durch spezifische Verhaltensweisen definiert: „Werde, was du bist" oder „Werde, was du sein sollst". Person zu sein bedeutet, sich seiner selbst bewusst zu werden und zu sein, sich mit sich selbst zu identifizieren und sich in der Zeit wahrzunehmen. Für J. Locke zählt neben diesem Selbstbewusstsein auch die Vernunftbegabung und das Erinnerungsvermögen (Identität in der Zeit) zu den Charakteristiken, die eine Person ausmachen. Bei Kant ist die Person Zweck an sich, autonom und vernunftbegabt. Personen sind Subjekte, die sich und ihr Verhalten steuern,[55] sich moralisch verhalten, fähig sind, Verantwortung und Pflichten zu übernehmen und sich selbst kritisch zu beurteilen. Nach Fichte realisiert sich die Person im Sollen, im Imperativ. Sie wird sich dadurch ihrer selbst bewusst und gelangt zu ihrer Verwirklichung. Aus der Sicht der Existentialisten realisiert sich der Mensch, insofern er sich selbst in Freiheit bestimmt.

Personen können sich in der Beziehung zu anderen wie in einem Spiegel selbst erkennen. Bei Martin Buber ist die Person ein soziales, auf Dialog angelegtes Wesen. In der Diskursethik, wie sie von Apel und Habermas geprägt wurde, wird der Akzent weniger auf die Beziehung zum anderen als auf die Bereitschaft und Fähigkeit gelegt, mit ihm zu einem Konsens und einer gemeinsamen sprachbasierten Sinnfindung zu gelangen.

Für manche wird in der Person Bewusstsein und Körperlichkeit vereint, für andere ist die Person nur durch ihre Wesensmerkmale präsent. Ist ein Mensch immer auch eine Person oder kann es nach

---

[55] Vgl. Keil 2011: 145.

Singer Menschen geben, die keine Personen sind? Ist Person zu sein von vorhandenen Wesenszügen und Fähigkeiten abhängig oder ist der Mensch, unabhängig von Anlagen, Merkmalen oder Verhaltensweisen, in sich bereits eine Person? Sind nur lebende Personen damit auch rechtswürdig? Wann beginnt und wann endet Leben und wann beginnt oder endet das Sein als Person, hat es überhaupt einen Beginn und ein Ende? Manche fragen, warum der Begriff Person eigentlich notwendig sei. Was soll damit begründet werden? So sind einige Philosophen zu dem Schluss gekommen, dass in ethischen Diskussionen von diesem Begriff Abstand genommen werden sollte.

Das Hauptproblem, dass ein Konsens darüber, was unter „Person" zu verstehen ist, zustande kommt, liegt vor allem darin, dass der Begriff ohne Bezug auf eine nicht mehr von allen akzeptierte ursprüngliche Instanz vielfältig interpretierbar ist. Es werden einzelne Merkmale oder Fähigkeiten wie z. B. die Vernunft oder das Selbstbewusstsein akzentuiert, statt „Person" von ihrem Ursprung her als im Sein begründetes Wesen[56] zu verstehen.

3.2.2. Biblisches Verständnis

Nach der Darstellung der Bibel ist Gott nicht nur eine unbegreifliche Energie, fern, unbeteiligt und beziehungslos, sondern personal präsent: Gott *ist*.[57] Sein und Wesen sind bei ihm eins, er ist unveränderlich, absolut selbstbestimmt, ewig gegenwärtig. Gott hat keine wechselnden Eigenschaften, in seiner Existenz *ist* er Liebe.[58]

---

[56] Vgl. Guardini 1993: 92
[57] 2. Mose 3, 14.
[58] 1. Johannes 4, 16.

Im menschgewordenen Gott Jesus Christus wird das Wesen der „Person" für das menschliche Wahrnehmungsvermögen erkennbar, bleibt jedoch letztlich unfassbar. Hauptmerkmal in Jesu Leben ist der ununterbrochene Bezug auf Gott: Personsein als Beziehung, als etwas Ursprüngliches, vergleichbar einem einer Quelle entspringenden, überfließenden Brunnen, dessen Wasser durch den Quellzufluss frisch bleibt und die Umgebung mit frischen Wasser versorgt.[59]

Was äußert die Bibel über den Ursprung der menschlichen Person? Der Schöpfungsgeschichte ist zu entnehmen, dass Gott schuf, indem er sprach. Wenn Gott spricht, ist das Gesprochene verwirklicht. Durch Gottes Wort wird auch die menschliche Person begründet.[60] Gott hat den Menschen als Du gesetzt. In dieser Beziehung gründen die Einmaligkeit des einzelnen, die Unverfügbarkeit über jeden einzelnen Menschen sowie der Sinn, die Würde und die Verantwortung jeder menschlichen Person.

Person zu sein, ist Beziehung zu Gott, zu sich selbst und zu einer anderen Person. Indem man von sich weg- und zu dem anderen hinsieht, indem man ihn erkennt und anerkennt, kann sich diese andere Person frei entfalten. Gleichzeitig wird damit der Weg frei, um sich selbst zu erkennen, zu seinem ureigenen Gegebensein vorzudringen. Dieses „Wer-bin-ich?" ist nach biblischem Verständnis die Frage nach dem Wesen der eigenen Person. Es handelt sich um ein Werden, nicht was ich bin, sondern wer ich bin.

Es wird diskutiert, ob das eigene Wesen bereits von Anbeginn seiner Existenz angelegt ist oder ob es der einzelne während seines Lebens in schöpferischer Freiheit entwickelt. Person ist ein „*Sein*"

---

[59] Psalm 36, 10, Johannes 7, 38.
[60] Vgl. Guardini 1988: 144.

– mit diesem Tätigkeitswort wird zum Ausdruck gebracht, dass eine Peron nicht statisch, sondern in Bewegung ist, d. h. in lebendiger Beziehung zu seinem Ursprung steht, und sich in Wesensmerkmalen und Handlungen *äußert* und entfaltet. Person zu sein ist Grundlage für Subjektivität und Individualität. Selbstbewusstsein, Selbstreflexion, Willens- und Handlungsfreiheit, Kreativität und körperliche Präsenz sind Phänomene der vorbestehenden Person. Das hat ethische Konsequenzen. Die Verfügbarkeit über sich selbst, die Autonomie ist begrenzt. Die Person ist unverfügbar für andere und unverlierbar, wesenhaft quantitativ und qualitativ einmalig, unabhängig davon, welche Leistung sie erbringt, welchen Nutzen sie für irgendjemanden hat, welche Begabung sie mitbringt oder ob sie geistig beeinträchtigt ist: Sie ist in ihrer Würde unantastbar. Gleichzeitig beinhaltet sie eine Aufgabe für den jeweiligen Menschen, die sich nicht abschütteln lässt. Der Sinn des Daseins liegt darin, eigenes Sein und Wesen, gültige Existenz und „Sinngefüge"[61] einmalig zu leben, das eigene Wesen zu ergründen, authentisch und frei zu werden, den Nächsten zu lieben, was nur geliebt verwirklicht werden kann, auch im Alter, in Schwachheit oder in Bedürftigkeit. Primär und unverbrüchlich geliebt wird jeder einzelne von Gott.

3.2.3. Wesensmerkmale einer Person

Die Person als gegebenes „Ich", bedingungslos und zweckfrei existierend, ist in der Lage, sich auf sich selbst zu besinnen, über sich zu reflektieren, sich teilweise zu verstehen und auf sich selbst zu reagieren. Personen sind auf das Du angewiesen; sind sie auf

---

[61] Guardini 2013: 232.

sich alleine gestellt, verkümmern sie. Daher ist die Bewegung hin zu anderen sowohl für eine gesunde Existenz als auch für die Verwirklichung der eigenen Person notwendig. Freiwilligkeit ist die Grundlage für eine positive Beziehung. Personen sind darauf angelegt, in ihrer Willensbildung und -entscheidung frei zu sein. Sie ergreifen Initiative und sind kreativ, was in einer eigenen Sprache und in ihrem Wirken Ausdruck findet, sei es in Beruf, Politik oder Kunst. Personen haben eine Geschichte. Sie sind aktiver Teil eines zeitlichen und räumlichen Geschehens. Sie spüren Verantwortung, erkennen, in welchen Situationen oder für welche Menschen sie Verantwortung zu übernehmen haben, sie sind fähig, sie freiwillig anzunehmen oder abzulehnen. Sie verfügen über ein Gewissen, Entscheidungen und Taten zu beurteilen und eventuell zu ändern bzw. zu korrigieren. Personen sind keine gefühllosen Roboter, sondern sie haben ein Gespür und Sehnsüchte. Sie sehen nicht nur von sich selbst weg auf den anderen hin, sondern sie gehen auch über sich selbst hinaus, sind fähig, hinter die Realitäten zu schauen, sind fähig zur Transzendenz.

Um den Sinngehalt des Begriffs Person noch zu verdeutlichen, sollen die Abgrenzungen zu Individualismus und Persönlichkeit hervorgehoben werden.
Individualismus ist gekennzeichnet durch Abgrenzung nach außen. Das Eigene, Charakteristische, von anderen Unterschiedliche, das für einen selbst Wichtige steht im Mittelpunkt der Selbstbetrachtung und wird vom Andersartigen abgegrenzt und gegen es auch verteidigt. „Recht zu haben auf", z. B. auf Selbstverwirklichung, wird beansprucht. Aus eigener Kraft wird gestaltet, um sich selbst Ausdruck zu geben und sich anderen gegenüber mitzuteilen.

Individualismus ist gelebte Autonomie. Es erfordert Mut und Charakterstärke, um aus der Masse herauszutreten. Der Begriff Person hat mit dem Begriff Individualismus nur insofern eine gemeinsame Schnittstelle, als mit beiden eine Einzigartigkeit bezeichnet wird. Persönlichkeit ist die Ausdruckskraft des Individuums gegenüber anderen, die stark oder auch schwach sein kann. Sie ist abhängig von der Entwicklung des Charakters, je nachdem, welche Bildung die betreffende Person erworben hat, inwiefern sie den Alltag und sich daraus ergebende Herausforderungen bewusst und selbstreflektiert zu bewältigen in der Lage ist und inwiefern sich eigentlich zu überdenkende Gewohnheiten eingeschlichen haben. Persönlichkeit hat mit Willensstärke und Kreativität, seelischer Stärke und Empfindsamkeit zu tun. Immer hat sie eine Wirkung auf andere: sie strahlt auf andere aus, ist aber nicht mit der Person gleichzusetzen.[62]

3.2.4. „Person" als Begriff in der ethischen Debatte

Der Begriff „Person" hebt den Menschen aus der Darwin´schen Evolutionstheorie und dem daraus abgeleiteten Menschenbild heraus, indem etwas „qualitativ, nicht abzuleitendes Neues"[63] auftritt. Der Begriff Person ist ohne den transzendenten Bezug auf Gott nicht ganzheitlich und ausgewogen zu begreifen, was umgekehrt bedeutet, dass Gott nicht nur „erbaulich" für das seelische Wohlbefinden sorgt, sondern dass er existentielle Bedeutung hat und Fundament für ethische Normen ist.

---

[62] Vgl. Guardini 1988: 111 ff.
[63] Thielicke Bd. 2, 1. Teil 1986: 416.

Gibt es unabhängig von Religion oder Ideologie etwas im Menschen, das assistiertem Suizid widerspricht? Aus der oben beschriebenen Definition der Person als „Sein" ergibt sich, dass in der Person dieser im Menschen verankerte Widerspruch liegt.

Sterbephase und Anfang des Lebens mit dem auf Hilfe und Schutz angewiesenen Ungeborenen oder Neugeborenen gehören ebenso wie ein bewusst geführtes Leben zum menschlich unverfügbaren Personsein dazu, woraus wiederum folgt, dass auch das Leben an sich unantastbar ist[64].

Die vorzeitige Beendigung des Lebens kann aus diesem Blickwinkel der Treulosigkeit gegenüber sich selbst oder einem Mangel an Selbstachtung entspringen.

Wird die Person mit dem Tod ausgelöscht? Wenn nein, wie lebt sie dann weiter?[65] Der Tod ist uns, wie auch das Leben trotz mancher vorliegender Theorien im Grunde genommen weiterhin eine unbekannte Größe. Doch steht der Umgang mit Sterben und Tod, so ist zu fragen, in einem rechten Verhältnis zu diesem Ausmaß an Unkenntnis?

Der Anspruch, ein „Recht" auf etwas zu haben, wird immer dann laut, wenn normative Grundlagen verwischt sind, wenn diesbezüglich Verwirrung, Angst oder Zweckdenken herrschen. Dieser Anspruch entspringt individualistischer Abgrenzung und dem Be-

---

[64] S. Kap. 4.2.
[65] S. Kap. 5.3.7.

dürfnis, sich nach außen abzusichern, dem Anspruch auf Entscheidungshoheit oder grenzenloser Autonomie. Die Perspektive der personalen Rechte ist eine ganz andere. Diese sind zugesprochen und nicht verdient, sie stehen nicht zur Debatte, sind aber gefährdet, sie können unterschiedlich interpretiert und missverstanden werden. Sie respektieren die Grenzen der eigenen Verfügbarkeit über sich selbst.

Person zu sein ist Grundlage für die Menschenwürde. Person ist auch die menschliche Zygote, der Behinderte, Hilfsbedürftige, Komatöse, Leidende, Debile und Demente. Person zu sein hat keine Voraussetzung, um sein zu dürfen. Es ist möglich, dass eine Person auch nur passiv existiert, wenn ein aktives Dasein noch nicht oder nicht mehr gegeben ist. Durch die entgegengebrachte Zuwendung kann ein solcher Mensch *belebt* werden, wodurch die Tätigkeit von Pflegenden und Angehörigen wohl einen besonders tiefen Sinn erhält.

Nicht nur auf die Debatte über assistierten Suizid hat das Verständnis von Person eine wesentliche Auswirkung, sondern auch auf die Gesellschaft und ihre zukünftige Entwicklung insgesamt. Inwieweit wird dem einzelnen Raum zur Entfaltung der eigenen personalen Wesensart gegeben? Wird die Verantwortung, die man für die Aufrechterhaltung und Integrität der Person des anderen trägt, erkannt und angenommen? Werden in dieser Hinsicht Konzepte für die Zukunft entwickelt, die der einzelnen Person gerecht werden?

3.3. Körper – Seele – Geist

Im Lauf unserer Entwicklung ist uns bewusst geworden, dass außer dem erkennbaren physischen Körper etwas existiert, das von einem in uns vorgehenden Er-Leben zeugt, nämlich Geist und Seele.

Körper

Strukturen und Funktionsabläufe des menschlichen Körpers sind weitgehend erforscht. Ihre Einfachheit, Funktionalität und gleichzeitig beobachtbare Komplexität sowie ihre dahinterstehende feine Kreativität und Schönheit können einen faszinieren. Der Körper ist Naturgesetzen wie der Schwerkraft unterworfen sowie an Raum und Zeit gebunden. Er ist sichtbar und spürbar, er ist sinnlich und steht in Beziehung zu anderen Wesen und zu der ihn umgebenden Welt. Er unterliegt dem Altern, das auch ohne Krankheit oder Unfall zum Tod des gesamten Organismus führt.

Seele

Unter Seele wird für gewöhnlich die menschliche Empfindsamkeit und innere Gefühlswelt verstanden. Bereits in der Antike wurde die Seele differenziert betrachtet – psyche als Seele sowie thymos als Lebenskraft, Zorn und Mut. Platon definiert die Seele als das Wesen des Menschen, geteilt in das Triebhafte und Begehrliche, das Muthafte sowie das Vernünftige. Sinnbildlich wird Seele als Wind, Hauch oder Lebensatem beschrieben. Bei der Frage nach dem Beginn personalen Lebens wird diskutiert, wann der Mensch beseelt wird.

Geist

Geist wird mit Verstand, Idee, Erkenntnis, Einsicht, Rationalität, Intelligenz oder Absicht assoziiert. Auch hier haben bereits die Griechen differenziert: pneuma (Geist, Hauch) – nous (Vernunft, Geist) – logos (Rede, Vernunft). Der Geist, wie auch die Seele scheinen von Zeit und Raum unabhängig zu sein, sie sind nicht fassbar und anatomisch, psychologisch und philosophisch nicht erschöpfend zu definieren. Für viele unterscheidet der Geist den Menschen vom Tier, weil dieser durch ihn in der Lage ist, zu sich selbst auf Distanz zu gehen, abstrakt zu denken, über sich selbst nachzudenken (Selbstreflexion), Erkenntnisse über die Welt zu gewinnen sowie falsche Aussagen zu prüfen und zu korrigieren. Manche sind der Auffassung, dass der Geist ebenso wie die Seele nach dem physischen Tod weiter existiert.

Seele und Geist werden manchmal nicht eindeutig voneinander differenziert, gemeinsam als das Göttliche im Menschen gesehen oder mit dem Wesen des Menschen gleichgesetzt. Aristoteles beschrieb neben der vegetativen, lebensspendenden Seele und der sensitiven Seele (Wahrnehmung, Empfindung) auch die rationale Seele. Im Englischen wird zwischen „mind", dem individuellen Denken und Empfinden, und „spirit", den das Individuum überschreitenden Bewusstseinszuständen und Realitäten unterschieden. Oder es wird, Seele und Geist gemeinsam betreffend, zwischen Qualität (Empfindung, Wahrnehmung) und Intention (glauben, wünschen, beabsichtigen) differenziert. Dualisten unterscheiden zwischen dem Geist als Träger der Ratio und des Denkens und der Seele als der unsterblichen Identität. Während Materialisten Geist und Seele auf bislang noch nicht vollständig entdeckte physische Grundlagen zurückführen, ist es für viele andere denkbar, dass es immaterielle Bewusstseinszustände, Fähigkeiten und Eigenschaften gibt.

3.3.1. Beziehung zwischen Körper, Geist und Seele

Nach jüdisch-christlicher Auffassung bildet der Mensch eine untrennbare Einheit aus Körper, Seele und Geist, die in wechselseitiger Beziehung zueinander stehen. Innere Vorgänge hinterlassen ihre Spuren am Körper, z. B. Sorgen- oder Lachfalten. Der Mensch erlebt seinen Körper nicht nur als Objekt, er ist Ausdruck der inneren Vorgänge, der Mensch *ist* Körper.[66] Geist wird konkret, sichtbar oder erlebbar durch Blicke, Gesten, Taten und Sprache. Umgekehrt wird die äußere mit den Sinnen erfasste Welt durch den Geist verarbeitet. Physische Begegnungen mit anderen Menschen hinterlassen sinnliche und emotionale Spuren im Gedächtnis. Hoffnungen, Wünsche, Ziele oder Absichten sind Auslöser für entsprechende Handlungen. Empfindungen stehen in Auseinandersetzung mit dem Verstand, Wünsche und Realitätssinn widersprechen sich manchmal. Störungen in einem Bereich beeinflussen immer den ganzen Menschen. Für die ganzheitliche Gesundheit ist es wichtig, zu einer harmonischen Ausgeglichenheit zwischen Körperlichkeit, Verstand und Gefühl zu finden.

3.3.2. Bewusstsein

Ein ungetrübter Bewusstseinszustand und Entscheidungsfähigkeit sind Voraussetzung für Einverständniserklärungen und Patientenverfügungen und in einigen Ländern für die Durchführung eines

---

[66] Vgl. Apondo 2018: 98.

assistierten Suizids. Was bedeutet es, bei vollem Bewusstsein entscheidungsfähig zu sein? Welche kritischen Aspekte gilt es hier zu beachten? Welche Fragen müssen in diesem Zusammenhang geklärt werden?

Das Bewusstsein hat mit Erkenntnis und Vergegenwärtigung zu tun, Erkenntnis der Wirklichkeit, seiner selbst, der Zusammenhänge, die in der jeweiligen Situation bestehen sowie der dazugehörigen Risiken und Begrenzungen. Ein klarer Bewusstseinszustand und eine klare Entscheidungsfähigkeit setzen Konzentrations- und Denkfähigkeit voraus, und zwar in dem Maße, dass man Situationen und in ihnen die eigene Person wahrnehmen und einordnen, eigene Wünsche, Vorstellungen und Ziele klären und formulieren sowie dabei mitschwingende Empfindungen differenzieren kann, z. B. wenn es darum geht zu entscheiden, welche der verschiedenen Behandlungsmöglichkeiten in einer gegebenen Krankheitssituation für einen selbst oder für einen anderen in Frage kommen. Ob das Bewusstsein lediglich auf physikalisch-neuronalen Prozessen beruht oder ob ihm zusätzlich immateriell subjektiv Einzigartiges zugrunde liegt, ist bislang ungeklärt.

Kann der Bewusstseinszustand einer Person überhaupt umfassend und valide getestet werden?

Inwieweit ist ein von einer schwierigen Lebenssituation Betroffener tatsächlich geistig und psychisch in der Lage, gründlich durchdachte, eventuell weitreichende Entscheidungen zu treffen?

Wie stark beeinflusst Unbewusstes das menschliche Bewusstsein und die zu treffenden Entscheidungen und umgekehrt, welche wesentlichen Aspekte, die im Unbewussten verborgen bleiben, werden bei Entscheidungen nicht berücksichtigt?

Wird aus ärztlicher oder rechtlicher Sicht ausreichend in Betracht gezogen, dass der Mensch als Ganzheit eine Entscheidung zu treffen hat und nicht nur sein rationaler Teil?

Inwieweit sind Menschen in der Lage, Realität und Wunschvorstellungen differenziert zu betrachten?

Sind starke Gefühle wirklich durch den Verstand beeinflussbar?

Welcher Stellenwert wird dem Bewusstseinszustand in der gelebten Realität tatsächlich beigemessen?

3.3.3. Heiliger Geist

Der Heilige Geist ist nach biblischer Darstellung Gottes Geist. Das Verständnis von „Person", das auf der Beziehung zu Gott beruht, mit den daraus folgenden Konsequenzen, ist ohne den Heiligen Geist unzureichend. Dieser hebt den von ihm erfüllten Menschen nicht aus dieser Welt heraus und versetzt ihn in eine andere Sphäre, sondern erfüllt ihn in dieser Existenz in Zeit und Raum und verwirklicht hier das durch Christus wiederhergestellte Verhältnis zu Gott als dessen Kind, nicht nur als Zustand, sondern auch als Geschehen.[67] Er ist nicht vergeistigte sondern konkrete Gottesliebe. Der Mensch ist in der Lage, diesem Geist Raum zu geben, die eigene Gesinnung und Perspektive von ihm verändern zu lassen und das im Alltag umzusetzen, was er von dieser anderen, von seiner bisherigen Umwelt unterschiedlichen Inspiration erfasst hat.[68] Der Heilige Geist ist demnach ein sehr konkreter, schöpferischer, kraftvoller Geist, der Menschen ganzheitlich umzuwandeln vermag und

---

[67] Johannes 14, 26, Römer 8, 14 f., Titus 3, 5.
[68] Römer 12, 2, Galater 5, 25.

der in seiner trinitarischen Einheit sich gleichzeitig der menschlichen Erkenntnis entzieht.

3.4. Menschenwürde

„Die Würde des Menschen ist unantastbar"[69] heißt es in Artikel 1 des deutschen Grundgesetzes.
„In Würde sterben zu können" ist einer der Beweggründe, sich für einen assistierten Suizid zu entscheiden.
Worin besteht eigentlich die Würde des Menschen?

3.4.1. Definition

Die dem Menschen eigene Würde als *Eigenschaft* steht allen zu aufgrund der Tatsache, dass sie Menschen sind, unabhängig von Charaktereigenschaften und Verhaltensweisen, von ethnischer Zugehörigkeit, Alter, Geschlecht und Herkunft. Der italienische Philosoph Pico della Mirandola (1463–1494) hebt die Vortrefflichkeit der menschlichen Natur als Bindeglied zwischen Gott und seiner Schöpfung, zwischen Zeit und Ewigkeit hervor. Demnach ist der Mensch allein dazu fähig, Gottes wunderbare Schöpfung zu begreifen, zu bewundern und Gott darüber zu loben. Gleichzeitig ist er in der Lage, nach eigenem Willen über sich selbst zu bestimmen. Auf dieser einzigartigen Stellung des Menschen innerhalb der Schöpfung, dadurch dass er die „Synthese des Universums"[70] ist, gründet seine Würde.

---

[69] https://www.gesetze-im-internet.de/gg/BJNR000010949.html.
[70] Pico della Mirandola 2012: 114.

Anders gesehen wird Würde zu einer *Errungenschaft*, einer Ehrung entweder aufgrund der Herkunft, wie z. B. die Königswürde oder aufgrund außergewöhnlicher Werke, z. B. würdig zu sein, den Nobelpreis zu erhalten. Diese Art der Würde hebt einzelne heraus. Synonym mit dem Begriff Würde wird oft der Ausdruck *Wert* gebraucht, wenn es darum geht, besitzergreifen wollende Interessen auszuschließen. Die Unantastbarkeit der Würde wird hier zum Anspruch auf Respektierung der eigenen Individualität.[71]

Etwas anderes sind *Lebenswerte*, die das Leben erfüllen und sinnvoll machen. Sie beruhen entweder auf individueller Selbstbestimmung und gesellschaftlichen Normen, oder sie sind in der kulturellen Tradition verankert. Wegen ihrer Wandelbarkeit können sie aber nicht als Grundlage für allgemeingültige ethische Normen dienen.

Die Würde des einzelnen kann daher rühren, den eigenen Zweck in sich selbst zu tragen, Subjekt mit angeborenen ursprünglichen Rechten zu sein. Oder Würde haftet, metaphysisch gesehen, jedem Menschen an. Diskursethisch ist sie als eine Funktion der gegenwärtigen Wirklichkeit zeitlich begrenzt. Für Materialisten hat der Mensch keine Würde aus sich selbst heraus. Sie wird vielmehr als Wert angesehen, z. B. den der einzelne für das Gemeinwesen hat. Im Utilitarismus kann der für die Gesamtheit größte erreichbare Nutzen in Konflikt mit der Menschenwürde geraten. Heutzutage wird Würde oft individuell bestimmt, der einzelne legt fest, was für ihn würdig oder unwürdig wäre, wie z. B. Pflegebedürftigkeit. In Würde zu sterben ist gleichbedeutend damit, die eigenen Vorstellungen und Wünsche, die man bezüglich des Ablaufs des Lebensendes hat, zu verwirklichen.

---

[71] Vgl. Ohly 2002: 38 f.

Einige sind der Ansicht, dass Menschenwürde durch die Liebe eines anderen, die einem den nötigen Freiraum schenkt, in dem man ganz sich selbst sein darf, vermittelt werden kann. [72]

Biblisch gewinnt der Mensch seine Würde durch die von Gott ausgehende persönliche Beziehung zu ihm. Sie ist beides, Geschenk und Auftrag, und ohne Verantwortung Gott gegenüber nicht denkbar. Der Mensch hat die Freiheit, sich seiner Würde würdig oder unwürdig zu erweisen, er kann sie annehmen, ignorieren oder ablehnen, aber verlieren kann er sie nicht.

3.4.2. Würde und Ebenbildlichkeit Gottes

In der Diskussion über „Sterbehilfe" begründen manche die Würde des Menschen mit seiner Ebenbildlichkeit Gottes. Die erste wesentliche Frage, die sich stellt, ist, was Menschen über dieses ursprüngliche Bild eigentlich wissen – meistens sind es doch nur eigene Vorstellungen über Gott aus rein menschlicher Perspektive, da Gottes Wirklichkeit menschliche Erkenntnis bei weitem übersteigt. Auch Erklärungen, *inwiefern* die Ebenbildlichkeit Gottes die Würde des Menschen begründen sollte, bleiben unzulänglich. Steckt hinter dieser Vorstellung eventuell menschliche Überheblichkeit?

Das in der Genesis verwendete hebräische Wort *tselem*[73] (Abbild, Schatten), das als Grundlage für die Annahme der Gottebenbildlichkeit dient, kommt bei Paulus so nicht mehr vor. Die spätere griechische Fassung gebraucht dafür das Wort *ikon*, das nicht zwischen Abbild und Ebenbild differenziert. Paulus bezieht Ebenbild

---

[72] Vgl. Ohly 2002: 116, Johannes 13, 4–17+34.
[73] 1. Mose 1, 27.

im Sinn *dem Wesen nach* auf Christus[74] und auf die „neue Kreatur"[75], den Menschen, der „nach dem Ebenbild dessen, der ihn geschaffen hat", erneuert wird.[76] Hierbei handelt es sich um einen wesenhaft erneuerten und sich charakterlich verändernden Menschen durch Christi Erlösung.[77]

Der Begriff „Bild" kann in diesem Zusammenhang zu folgenden Gedanken anregen:

- Der Mensch ist „nach dem Bild Gottes gemacht worden"[78], d. h. er ist Abbild Gottes, z. B. in seiner Freiheit und Kreativität.

- Ein Bild kann sich nicht selbst malen, es wird gestaltet. Der Mensch ist von Gott gedacht und geschaffen.

- Ein Bild ist nicht identisch mit dem, der das Bild gestaltet hat. Der Mensch ist als Gegenüber, als Du Gottes geschaffen.

- „Zu dem Bild Gottes gemacht"[79] bedeutet, dass der Urheber durch wesentlichen Merkmale, die er im Bild hinterlassen hat, erkennbar werden kann. Der Mensch kann sich entweder verzerren, sodass Gottes Entwurf nicht mehr erkennbar wird, oder aber er kann ihn widerspiegeln.

Allein in Jesus Christus, dem menschgewordenen Sohn Gottes, ist Gott wesenhaft und ebenbildlich wiederzuerkennen. Die Beziehung zwischen Gott und Christus bleibt ungetrübt. Dies ist bei den Menschen, die sich allesamt auf unterschiedlichste Weise von Gott

---

[74] Hebräer 10, 1. Kolosser 1, 15.
[75] Römer 8, 29, 2. Korinther 5, 17.
[76] Kolosser 3, 10.
[77] Titus 3, 4 f.
[78] Jakobus 3, 9.
[79] 1. Mose 1, 27.

abwenden, was die Bibel als Sünde bezeichnet, nicht der Fall. Als Mittler nimmt Christus existentiell den einzelnen in die neue Kreatürlichkeit, d. h. in den Status der Ebenbildlichkeit Gottes, mit, so dass die Verzerrung, die der Mensch bislang darstellte, umgestaltet wird und die ursprüngliche Würde wieder ans Licht kommen kann. Diese hat jedoch einen von der üblichen Vorstellung abweichenden Charakter.

Jesus gibt der Würde durch sein Leben, Leiden und Sterben eine andere Dimension. Das Ebenbild Gottes, Gott und Mensch in einer Person, leidet bereits von Geburt an mitten in den menschlich verursachten Verwirrungen selbstlos[80] in der liebenden Suche danach, dass seine Mission verstanden wird, die jedoch von den wenigsten begriffen und angenommen wird. Am Kreuz scheint er aus menschlicher Perspektive schwach zu sein, versagt zu haben – aus Gottes Perspektive hat Christus damit die Menschheit erlöst. Gottes Perspektive steht diametral zur menschlichen Sichtweise[81]: Auch und gerade in den Abgründen und Schwächen menschlichen Lebens kann diese unfassbare, erlösende und Würde verleihende Liebe aufleuchten.

3.4.3. Ethische Auswirkungen der Menschenwürde

Die Würde des Menschen als Gabe impliziert die Gleichheit unter den Menschen, unabhängig von Religion, Bildung, sozialem Rang, Errungenschaften etc. Nichtsdestoweniger kann Leistung gewürdigt werden. Beide Sichtweisen gehören zusammen: Würde als

---

[80] Philipper 2, 7.
[81] 1. Korinther 1, 25.

Gabe und Aufgabe. Sie ist als Gabe *allen* verliehen, gleichzeitig aber auch ein Aufruf, ihr gerecht zu werden.

Der Anspruch auf Menschenwürde ist unabhängig von Interessen und Zweckdienlichkeit.

Die Selbstachtung kann durch Untaten, Scham, Verhöhnung oder Misserfolg getrübt werden. Aufgrund der Menschenwürde kann sie jedoch immer wieder gefunden werden; für Glaubende geschieht dies zusätzlich durch das von Gott zugesprochene Du, in dem er seine uns stets zuvorkommende Liebe zum Ausdruck bringt.

Menschenwürde kann dem anderen durch Akte der Nächstenliebe, Fürsorge oder dadurch, dass man ihm Respekt entgegenbringt, vermittelt werden.

Es stellt sich die Frage, ob die Menschenwürde mit künstlicher, technisch ermöglichter Lebensverlängerung oder mit dem Erhalt einer nur noch physischen Hülle ohne personale Präsenz vereinbar ist, wobei ungeklärt ist, ob es einen solchen Zustand überhaupt gibt.

Gibt es Leidenstiefen oder Krankheiten, die die Person und damit die eigene Würde zerstören könnten?

Verstößt ein Suizidaler gegen seine Menschenwürde?
Die Gleichsetzung von Würde mit eigenen Vorstellungen davon, wie das Leben zu sein hat, mit Autonomie, Wohlbefinden und Ver-

wirklichung der eigenen Interessen, führt vom eigentlichen Würdebegriff weg. Aus der o. g. Sicht weist der Betreffende mit dem aktiven Beenden des eigenen Lebens die ihm verliehene Würde zurück. Er verletzt sich damit selbst, und er handelt im Widerspruch mit sich selbst.

Gibt es andererseits Grenzsituationen, in denen Suizid trotzdem mit der Menschenwürde vereinbar sein könnte?
Nur der Betreffende selbst ist in der Lage, seine persönliche Würde in einer speziellen Situation zu beurteilen. Wenn durch Gewaltakte anderer oder durch unkontrollierbare physische oder psychische Vorgänge die „Person" real in Gefahr ist, zerbrochen zu werden, und es sich nicht nur um eine Angst davor handelt, ist es aus meiner persönlichen Sicht legitim, sich dem zu entziehen.

In manche psychische Zustände oder Situationen können wir uns nur schwer hineindenken, z. B. in die eines Demenzkranken, des Komatösen oder eines behinderten Kleinkindes. Auch wenn man als Angehöriger damit konfrontiert wird, weiß man dennoch letzten Endes nicht, was in dem Betreffenden vor sich geht. Wie kann man dann die Annahme treffen, dass ein solches Leben sinnlos, würdelos und unerträglich sei?

Es handelt sich immer um Einzelfälle! Daher sollte für die Beurteilung dieser schwierigen Situationen neben den darin involvierten Personen eine Ethikkommission und nicht eine Sterbehilfeorganisation zuständig sein.

3.5. Freiheit

Welche Haltung man assistiertem Suizid gegenüber einnimmt, hängt davon ab, welches Verständnis von Freiheit und Verantwortung, Gewissen und Toleranz man hat.

3.5.1. Definition und Abgrenzung

Der Begriff Freiheit umfasst „Freiheit von" (negative Freiheit) und „Freiheit zu" (positive Freiheit). Daneben ist noch die äußere von der inneren Freiheit zu unterscheiden, desgleichen die Wesens-, Willens- Entscheidungs- und Handlungsfreiheit. Auch Emanzipation, Autonomie oder Selbstverfügung können als eine Form von Freiheit verstanden werden. Freiheit kann ein Grundrecht, ein Wesensmerkmal, ein Verhalten, ein Zustand oder ein Ziel sein. Sie besteht gegenüber sich selbst, gegenüber anderen oder gegenüber der Umwelt. Absolut gesehen ist sie die „Anfangskraft, Ursprungsmächtigkeit"[82] als Ausdruck der Freiheit Gottes.

Freiheit, verstanden als ein personales Grundphänomen, kann nicht verursacht sondern nur wiederhergestellt werden. Sie *ist* primär ein freier Raum, in dem menschliche Initiative erst möglich ist.[83]
Frei zu *sein*, kann eine konkrete innere oder äußere Wirklichkeit bedeuten, d. h. weder physisch, geistig, emotional noch durch bloße Gewohnheit befangen zu sein.

---

[82] Guardini 2017: 15.
[83] Vgl. Guardini, Bd. 1. 1988: 142.

Die Freiheit zu *haben*, etwas zu tun oder nicht zu tun, ist begrenzt und wird durch Motivation, Haltung, Gewohnheit, Entwicklungsreife und äußere Gegebenheiten beeinflusst.

Freiheit konkret umzusetzen, beinhaltet z. B., Initiative zu ergreifen, die Wirklichkeit, auch die eigene, anzuerkennen, Erkenntnisse in ein Verhältnis zueinander zu setzen und abzuwägen, Entscheidungen zu treffen und umzusetzen. Dazu zählt auch zu entscheiden, welche sozialen Bindungen eingegangen werden und ob eine freiwillige Beschränkung, ein Sichunterordnen oder die Akzeptanz der jeweiligen Situation notwendig ist.

Philosophen der verschiedenen Epochen haben bei der Betrachtung der Freiheit jeweils unterschiedliche Schwerpunkte gesetzt:

- Unabhängigkeit von den äußeren Umständen durch Selbstbestimmung und Selbstgenügsamkeit in der Antike,
- individuelle verantwortungsvolle Freiheit bei Augustinus,
- Autonomie bis hin zur absoluten Freiheit in der Aufklärung und im Rahmen des Idealismus,
- die Verbindung von Freiheit, Vernunft und Moral bei Kant,
- das Verurteiltsein zur Freiheit bei den Existentialisten,
- Freiheit als Illusion, da sie nicht wissenschaftlich messbar ist.

Das Bild des Menschen und seiner Freiheit ist ein Spiegel des jeweiligen Zeitgeistes.

Für das heutige Verständnis des Freiheitbegriffs zentral ist, von einer überweltlichen Autorität unabhängig zu sein. Freiheit wird zur Autonomie und Selbstverwirklichung, zum Recht auf die Realisierung der eigenen Interessen. Autonomie bedingt jedoch eine entsprechende Erziehung und Sozialität, gewisse Werte und Normen innerhalb der entsprechenden Kultur, die Fähigkeit zur Selbstbeurteilung und Risikoabschätzung sowie ein materielles Auskommen.[84] Eine Risikoabschätzung, die *alle* möglichen Konsequenzen im Voraus erkennt und berücksichtigt, stellt eine der wesentlichen Begrenzungen menschlichen Autonomievermögens dar und überfordert oftmals den sich für frei haltenden Menschen.

Die Frage taucht auf, ob und inwieweit zwischen dem heutigen Verlangen nach Autonomie und der schwindenden Fähigkeit oder dem Unwillen, anderen zu vertrauen, ein Zusammenhang besteht und ob jeweils das eine durch das andere mitverursacht wird.

Der Verwirklichung von Freiheit steht Unabänderlichkeit, Notwendigkeit und Determiniertheit gegenüber. Die Unabänderlichkeit als Begrenzung menschlicher Freiheit verlangt, sich ihr zu stellen. So kann Unabänderliches auch Ausgangspunkt und Absicherung für Freiheit innerhalb gegebener Grenzen werden.

Es gibt Notwendiges, das „jetzt an der Reihe ist", und von dem sich der einzelne fordern lässt. Diese Annahme des Notwendigen kann zur freiwillig übernommenen Pflicht werden. Durch die technische Entwicklung erwächst auf der anderen Seite ein struktureller, unausweichlicher Prozess der Notwendigkeit. Sobald der Mensch in diesem Prozess eingebunden ist, ist er auch dessen Notwendigkeit unterworfen und kann sich dem nur noch willentlich entziehen.

Die Determiniertheit als kausale unabänderliche Vorherbestimmung und Schicksal, das der Mensch nicht ändern kann, wird von vielen als „höhere Gewalt" hingenommen. Diese Haltung kann

---

[84] Vgl. Quante 2013: 48.

sich aus einer Resignation infolge eigener unzureichender Möglichkeiten bzw. verborgen bleibender Lösungen entwickeln

Enthemmte Freiheit dagegen wird zur Beliebigkeit, zu einer bindungslosen Willkür-Freiheit, d. h. einer von Regeln und Normen befreiten individuellen Unabhängigkeit in dem Sinne, *frei von* allen Zwängen oder *frei zu* etwas zu sein, z. B. darüber zu entscheiden, wie man mit sich selbst umgeht oder wann man dem eigenen Lebens ein Ende setzt. Sobald Freiheit nicht mehr als ein personales ursächliches Grundphänomen gesehen wird, sondern Motivation für ein wie auch immer geartetes Leben ist, wird der Mensch für Suggestion und Manipulation anfällig. Werte werden individuell und unverbindlich gesetzt. Allgemeingültige Normen werden zunächst abgelehnt, später gehen sie verloren. Der einzelne in bindungsloser Freiheit lehnt es ab, auf andere angewiesen zu sein, so dass er schließlich allein auf sich geworfen wird. Statt sich zu finden, entfremdet er sich nicht nur von den anderen, sondern auch emotional von seinem ureigenen Wesen. Authentizität, die Originalität des einzelnen geht verloren. Autarkie, gänzliche Unabhängigkeit, kann nicht gelebt werden. Ist die zunehmende Anzahl der assistierten Suizide eine logische Folge aus dem heutigen Verständnis von Freiheit?[85]

3.5.2. Freiheit und Person

Da ein tiefgründigeres Verständnis von Freiheit nicht von der „Person" und deren Verankerung in einer Gottesbeziehung losgelöst werden kann, entsteht ein Konflikt mit dem heute vorherrschenden

---

[85] S. Kap. 5.1.3.

atheistischen Zeitgeist, der neben Gott auch die Person des Menschen außer Acht lässt. Daher muss sich der einzelne, um über Freiheit nachzudenken und in Freiheit entscheiden und handeln zu können, bewusst von der Beeinflussung des Zeitgeistes freimachen.

Freiheit im ursprünglichen Sinn ermöglicht es dem Menschen, sich selbst gegenüber zu treten und sein eigenes Wesen wahrnehmen und teilweise verstehen zu können.

Die „Freiheit eines Christenmenschen" (Luther) eröffnet einen weiteren Raum. Die durch Christus errungene Freiheit ist unbeschränkt.[86] Er erlöst die personale Freiheit des gefallenen Menschen zur Freiheit der Kinder Gottes.[87] Durch Gottes Geist, der die Beziehung zu Gott väterlich werden lässt, erwächst ein Vertrauen und ein Wissen um Geborgenheit, das nur Kindern eigen ist. Durch Gottes Treue entsteht eine innere Unabhängigkeit, die einem nicht genommen werden kann und Hindernisse überwindbar werden lässt.[88] Grenzen werden aus Liebe und Überzeugung freiwillig gezogen. Hier lässt sich auch der Freiheitbegriff gegenüber sich selbst insofern erweitern, als es über die einfache Selbsterkenntnis hinaus möglich wird, sich selbst loslassen zu können und erlöst anders zu leben: Leben wird zu einer Übung, die geschenkte Freiheit zu lieben auch konkret umzusetzen.[89]

---

[86] Galater 5, 1, 1. Korinther 6, 12.
[87] Römer 8, 21.
[88] Psalm 18, 30.
[89] S. Kap.4.3.

3.5.3. Gewissen

Das Gewissen ist eine mahnende innere Stimme, der Aufruf, sich selbst kritisch zu beurteilen und die Realität, wie sie wirklich ist und nicht, wie man sie sich wünscht, zu er- und anzuerkennen, sowie die Fähigkeit, Diskrepanzen zwischen Sollen, Können, Dürfen und Tun aufzudecken und damit bei dem jeweiligen Problem zu einer Lösung zu finden. Ein Gewissenskonflikt bzw. ein Dilemma kann durch zwei Möglichkeiten, die beide richtig wären, aber miteinander unvereinbar sind, auslöst werden.

Das Gewissen reagiert auf Gedanken, Gefühle oder Taten und kann von außen, z. B. durch Kommentare, Vorbilder oder Kritik geweckt werden. Auf sein Gewissen zu hören, bedeutet, Situationen zu erkennen und sich selbst darin zu beurteilen mitsamt den Konsequenzen des eigenen Tuns. Ein unruhiges Gewissen muss befriedet werden, was Auswirkungen auf zukünftiges Verhalten haben kann. Treffsicherheit, Verlässlichkeit und Stabilität von Entscheidungen und Handlungen werden durch ein waches Gewissen unterstützt. Der Instinkt wird, anders als manche denken, durch das Gewissen verfeinert und nicht eingeschränkt. Das Gewissen ist wesentliche Voraussetzung, um Freiheit ausgeglichen zu leben. Freiheit stärkt umgekehrt das Gewissen, indem Entscheidungen getroffen werden können, die, vom Gewissen gefordert, jedoch in der Folge Energie und Durchhaltevermögen verlangen. Ungezügelte Freiheit ist mit Gewissenlosigkeit und Grenzenlosigkeit verbunden.

Ein gutes Gewissen zu haben, auf das „Organ für die Forderung des Guten"[90] gehört zu haben, schenkt innere Zufriedenheit. Gewissen als Überprüfung und Beschränkung des eigenen Verhaltens anderen gegenüber ist eine notwendige Voraussetzung für ein soziales friedliches Miteinander.

Das Gewissen ist fragil. Störungen des Gewissens werden durch Verwirrung, Spitzfindigkeiten, Erziehungsmängel, Stolz, Leidenschaften oder Unterdrückung des Gewissens hervorgerufen. Es kann eingebildet sein oder manipuliert werden. Das Gewissen ist keine moralische Instanz an sich. Es gibt Situationen, in denen Unrecht vom eigenen Gewissen als Recht empfunden wird. Durch Verdrängung oder Sublimation kann ein schlechtes Gewissen beruhigt werden. Oder es wird bewusst abgelehnt, da es den Instinkt durch Zweifel behindert. Übertriebene Gewissenhaftigkeit kann krank machen, wenn das Selbstvertrauen Schaden nimmt, oder wenn Gewissenhaftigkeit zur Manie wird.
Falsche Gewissensentscheidungen mögen zwar respektiert werden, können aber keine Rechtfertigung für objektiv falsches Tun sein. Grundlegend für die Beantwortung der Frage nach Falsch und Richtig ist das moralische Fundament, z. B. Normen im Bewusstsein des Betroffenen selbst, anerzogene oder von der Gesellschaft vorgegebene Regeln, kulturelle Werte oder normative Ordnungen einer übergeordneten Instanz. Gewissen kann sich auch intersubjektiv formen, d. h. Menschen analysieren gemeinsam gewisse Problemfälle, diskutieren sie und legen sie aus und gelangen auf diesem Weg zu einem Ergebnis. Oder das Gewissen erkennt aufgrund der Erfahrungen, die einer gemacht hat, das Gute, das Leben

---

[90] Guardini Bd. 1. 1997: 107.

Fördernde, das was sich im Leben als nützlich erweist. Bei der Abwägung dessen stellt sich allerdings die Frage, ob primär der Nutzen vorrangig zählt oder nicht doch das, was die jeweilige Situation in dem Moment erfordert und aus dem sich dann sekundär ein Nutzen entwickeln kann.

Bei der Gott – Mensch – Beziehung tritt ein neuer Aspekt hinzu. Gott ist die Instanz, auf die sich das Gewissen bezieht. Menschen sind nicht in der Lage, Gottes Gesetze vollständig zu erfüllen. Nach Luther ist das Gewissen zunächst der Verteidiger Gott gegenüber, indem es das Sollen auf das Können reduziert – nach der Erlösung wird es zum Ankläger, und Gott wird zum Verteidiger, da Christus unsere Gerechtigkeit geworden *ist*.

Es bleiben Fragen: Woher kommt das Gewissen? Versucht man, das heute nicht mehr präsente oder verwirrte Gewissen durch Ethikforen zu ersetzen, im Sinne eines „Outsourcing" der Verantwortung? Existiert Gewissensfreiheit? Inwieweit ist das Gewissen durch die Vernunft und den Willen des Menschen beeinflussbar? Hat das Gewissen zwingend moralische Bedeutung?

3.5.4. Verantwortung

Was ist unter Verantwortung zu verstehen? Wem gegenüber und warum müssen wir Rechenschaft ablegen? Wie äußert sie sich konkret, und wie kann man die Erfahrung, dass man seiner Verantwortung nicht gerecht geworden ist, verarbeiten?
Verantwortung kann ein bloßes Gefühl sein, oder aber wir legen für unser Tun anderen oder uns selbst gegenüber Rechenschaft ab,

wir sind für etwas verantwortlich. Verantwortung kann zudem Motivation für ein Handeln sein.

Durch den Anspruch eines Gegenübers wird Verantwortung hervorgerufen. „Das Sollen ist im Sein bereits enthalten."[91] Eine konkrete, häufig diskutierte Situation ist die Verantwortung den Eltern gegenüber, die nicht nur aus Pflicht oder Dankbarkeit empfunden werden kann, sondern die vor allem in der, Unterstützung und Begleitung herausfordernden, Hilfsbedürftigkeit der alternden Person begründet liegt. Angehörige stehen aufgrund ihrer familiären Bindung anders in der Verantwortung als Außenstehende. Die Gründe dafür wären ein eigenes Thema.

Verantwortung ist an Entscheidungsfähigkeit und -freiheit gebunden und setzt voraus, vor dem Geschehen die Folgen zu bedenken und abzuwägen, sowie bereit und in der Lage zu sein, die möglichen Konsequenzen zu tragen. Für etwas, das außerhalb der eigenen Entscheidungsgewalt liegt, d. h. unter Zwang oder in geistiger Unzurechnungsfähigkeit geschieht, kann niemand belangt werden. Determinierte, unabänderliche Situationen können nur durchgestanden werden, allerdings kann der einzelne dann doch über die Art und Weise, wie er sich in ihnen verhält, entscheiden.

Zunächst besteht Verantwortlichkeit sich selbst gegenüber. Das Gewissen regt sich. Der einzelne muss sich mit sich selbst, mit seinen Beweggründen, Zielen und Gefühlen, den eigenen Stärken und Schwächen auseinandersetzen.

Jeder ist gegenüber all den direkt oder indirekt Beteiligten in einer Situation verantwortlich. Es geht nie *nur* um einen selbst. Für den assistierten Suizid bedeutet dies, dass die Entscheidung dafür nicht

---

[91] Jonas 1988: 185.

verantwortungs*voll* sein kann, wenn dabei die Gefühle, die Wertvorstellungen und das dem Suizid nachfolgende alltägliche Leben der Angehörigen oder des Sterbehelfers unberücksichtigt bleiben. Schließlich gibt es Instanzen, die Werte und Normen vorgeben und denen gegenüber alle sich zu verantworten haben, z. B. das soziale Umfeld (Familie, Gesellschaft, Justiz) oder Gott. Wenn eine absolute Instanz verblasst, verlieren Normen und Werte ihre Allgemeingültigkeit.

Besteht Verantwortung auch für Absichten, Denken oder Fühlen? Die Antwort darauf kann unterschiedlich ausfallen, je nach eigener Auffassung und je nach der Instanz oder der Person, die Rechenschaft von einem fordert.

Niemand zwingt uns dazu, verantwortlich zu leben. Die Wurzel der Verantwortung kann nur in der in Beziehung lebenden „Person" liegen, verbunden mit dem Gewissen als inneren Impuls und verstärkt durch Erziehung und von außen herangetragene Ansprüche, z. B. durch eine uns völlig fremde Person, die aber genau in dem Moment unseres zufälligen Zusammentreffens unsere Entscheidung, für sie Verantwortung zu übernehmen, braucht. Je stärker der Impuls ist, desto bereitwilliger werden größere Unannehmlichkeiten oder Risiken in Kauf genommen.

Sich selbst für andere einzubringen, ohne daraus einen Vorteil zu ziehen, gelingt nur aus Liebe. Das Vorbild hierfür ist Gott, der aus Liebe seinen eigenen Sohn geopfert hat, um alle Menschen von ihrer Verantwortung für ihre Fehlhaltung ihm gegenüber und deren Konsequenzen zu erlösen.[92] Infolgedessen werden „Kinder Gottes" für diese Art der Verantwortung dem anderen gegenüber empfindsam.

---

[92] Psalm 69, 10, Johannes 3, 16 f.

Das Gespür für Verantwortung muss heranreifen, der Blick für Situationen, in denen das Übernehmen von Verantwortung gefragt ist, muss geschärft werden. Verantwortungsvoll zu leben, setzt die Bereitschaft voraus, Energie aufzuwenden, eventuell auf eigene Interessen zu verzichten, Unbill oder Gefährdung in Kauf zu nehmen sowie die Fähigkeit, adäquate Mittel einzusetzen.

Verantwortung bedeutet nicht nur, etwas zu tun oder zuzulassen, sondern auch, bewusst Grenzen zu ziehen, Handlungen abzubrechen, Vorstellungen zurückzuweisen, z. B. Beatmungsgeräte gar nicht erst anzulegen, eine Chemotherapie zu beenden oder sich gegen den Gedanken an assistierten Suizid zu verwehren. Grenzen zu berücksichtigen kann auch bedeuten, sich zurückzuhalten, um den anderen nicht zu bevormunden, auch wenn er dann Risiken ausgesetzt sein mag. Wo liegen aber hier die Grenzen? Und wer bestimmt darüber, wo sie liegen? Der Wunsch nach assistiertem Suizid kann bei den Beteiligten zu einem Dilemma führen.

Durch Wissenslücken wird Verantwortung in speziellen Situationen erschwert, z. B. wenn Aufklärungsgespräche unzureichend verstandenen wurden, die zudem so unterschiedlich ausgelegt werden können, dass Missverständnisse entstehen, was das Risiko, Fehlentscheidungen zu treffen, erhöht.[93]

Indem Entwicklungen mit ihren Risiken vorhergesehen und entsprechende Maßnahmen ergriffen werden, übernehmen einzelne Verantwortung für Zukünftiges. Sobald diese Verantwortung übersehen oder abgelehnt wird, können auch aus richtigen Einzel-

---

[93] Vgl. Rehmann-Sutter 2018: 67 ff.

entscheidungen negative gesellschaftliche Konsequenzen kumulieren, d. h. assistierter Suizid könnte sich gesellschaftlich *normalisieren*.

Wer Verantwortung hat, kann auch verantwortungslos handeln. Macht kann, getarnt als Verantwortung, missbraucht werden.

Wie oft stehen wir vor Ergebnissen, deren genaues Gegenteil wir eigentlich beabsichtigt haben? Ursachen hierfür können Eigen-, Fremdversagen oder Fremdeinwirkung sein. Scheitern kann in Schuld enden. Die Fähigkeit, Misslingen zu erkennen, die Stärke des Verantwortungsgefühls, die subjektive oder objektive Bedeutung, die dem misslungenen Ereignis beigemessen und inwieweit dieses öffentlich wahrgenommen wird, wirken sich auf die Schwere des Schuldgefühls aus. Schuld kann vertuscht, gesühnt oder vergeben werden. Nur im letzten Fall kann sie aufgehoben werden, auch wenn eventuelle Konsequenzen bestehen bleiben. Und nur in diesem Fall kann die Beziehung zu dem anderen wiederhergestellt werden.

3.5.5. Toleranz

Im Rahmen von Freiheit und Verantwortung sollte, besonders in der heutigen pluralistischen Gesellschaft, auch über Toleranz gesprochen werden. Was ist darunter zu verstehen, worin gründet sie, warum ist sie notwendig, wodurch grenzt sie sich von Relativismus ab, und wie kann sie gelebt werden?
Der Ruf nach Toleranz hat sich in neuerer Zeit entwickelt: aus dem Geltungsanspruch wissenschaftlicher Erkenntnisse, aus dem Rechtsanspruch auf eigene Überzeugungen, aus der Abgrenzung gegenüber kirchlichen Ordnungen und Lehrmeinungen und als

Folge der Diversifikation der Gesellschaft. Toleranz kann derart missverstanden werden, dass jede Aussage Anerkennung verdient, solange sie nicht den Anspruch erhebt, allgemeingültig zu sein, oder dass jeder so leben kann, wie er will, solange er keinen öffentlichen Anstoß erregt oder keinem anderen schadet. Toleranz und Wahrheit scheinen sich zu widersprechen, ja sich sogar gegenseitig auszuschließen. Wahrheit beinhaltet die der Person oder der Sache eigene unverwechselbare „Wesenheit"[94], die durch Vernunft erkannt und anerkannt wird und die stärker wiegt als subjektive freie Ansichten. Es gibt zwei Möglichkeiten, der Wahrheit gegenüber blind zu sein. Entweder werden die zugrunde liegenden Ordnungen und Instanzen abgelehnt, oder sie sind einem gleichgültig geworden, sodass objektive Wahrheit nicht anerkannt wird; oder die subjektive Wahrnehmungsfähigkeit nicht in der Lage ist, die besondere Wesensart zu erkennen.[95]

Toleranz beruht auf objektiven Grundlagen, z. B. dem einer Sache innewohnenden Erfordernis, Konventionen, persönlichen Maximen oder Vorgaben einer übergeordneten Instanz. Eine dieser Grundlagen ist das Prinzip der Gleichheit aller Menschen, bei der es keine Rangunterschiede zwischen den Menschen gibt.
Toleranz beinhaltet die Würdigung der anderen Person, die die Freiheit und das Recht auf eine unterschiedliche Ansicht besitzt. Grundsätzlich besteht bei toleranten Menschen die Bereitschaft, sich vom anderen bereichern zu lassen, Neues in eigene Sichtweisen zu integrieren oder sogar die eigene Einstellung zu verändern. Gleichzeitig wird dem anderen Raum für die Auseinandersetzung

---

[94] Guardini, Bd. 2. 1997: 770.
[95] Vgl. Guardini, Bd. 2. 1997: 765 ff.

mit sich selbst gegeben. Sobald in einer Gesellschaft jeder einzelne seine Meinung und Haltung frei äußern oder leben kann, ist es für ein Miteinander essentiell, Andersartigkeit zu respektieren.

Toleranz ist freiwillig, sie ist eine Befreiung auch von sich selbst durch ihre aktive Hinwendung zum anderen. Sie ist offen für neue Beziehungen. Sie geht über ein Toleranzgefühl, eine allgemeine Menschenliebe hinaus und ist mehr als nur unbeteiligte Gleichgültigkeit. Voraussetzung für ihre Realisation ist, hinzuschauen und zuzuhören, Worte in ihrem eigentlichen Sinn zu verstehen und zu verwenden. Duldsamkeit und Geltenlassen haben mit Geduld zu tun und bedeuten, die dafür notwendige Zeit und wache Aufmerksamkeit aufzubringen sowie die Bereitschaft, andere Perspektiven zuzulassen und Querverbindungen zwischen heterogenen Ansichten zu suchen. Auch unterschiedliche Ansichten gilt es zu respektieren, sie mit den eigenen zu vergleichen und sie zu interpretieren, ohne sich gegenseitig Zugeständnisse zu machen, nur um auf einen gemeinsamen Nenner zu kommen. [96] Voraussetzung dafür sind eine gewisse Offenheit und geistige Regsamkeit sowie die Fähigkeit, sich selbst zu hinterfragen. Toleranz wirkt sich nicht nur im Geist und in Gefühlen aus, sondern auch in Gesten, Mimik und Handlungen.

Selbstverständlichkeiten werden durch das Andersartige aufgebrochen, hinterfragt und neu ausgerichtet. Eigene Argumente werden neu durchdacht, Widersprüche können stehen gelassen werden. Es wird möglich, angstfrei dem anderen Menschen auf Augenhöhe zu begegnen. Dabei ist allerdings zu beachten, dass es individuelle Toleranzgrenzen gibt, über die hinaus einzelne nicht mehr bereit sind, die politisch oder gesellschaftlich geforderte Toleranz oder

---

[96] Vgl. Nemo 2005: 131 f.

Solidarität weiterhin mitzutragen. Toleranz ist eine Würdigung anderer Kulturen, von deren Werten, Umgangsformen und Tabus. Bei der zunehmenden Migration und Durchmischung der Kulturen ist es notwendig geworden, sich sowohl mit den eigenen als auch mit fremden kulturellen Hintergründen auseinanderzusetzen.

Ablehnende Intoleranz aus Überheblichkeit äußert sich als Ironie, Bloßstellung des anderen oder Suggestion und verhindert jegliche Form der Verständigung. Die Kehrseite, Relativismus als Akzeptanz aller Möglichkeiten ohne Selbstbetroffenheit, kann Ausdruck reiner Gleichgültigkeit sein. Eine subjektive Meinung ohne objektive Begründung ist inzwischen gesellschaftsfähig geworden. Es gilt als ein Zeichen von Freisinnigkeit, dass alles nicht nur denkbar sondern auch, vorausgesetzt andere kommen dabei nicht zu Schaden, uneingeschränkt umgesetzt werden darf.

In den Fällen, in denen andere respektlos behandelt, z. B. öffentlich verspottet werden, sind die Grenzen der Toleranz erreicht, ebenso wenn propagandistisch die Spaltung der Gesellschaft vorangetrieben wird. Sobald die „Wahrheit" gefährdet, verletzt oder missachtet wird, z. B. indem Fake-News verbreitet werden, ist jegliche Toleranz unangebracht.

Toleranz und Wahrheit sind keine Gegensätze, die sich jeweils ausschließen, sondern Toleranz kann nur innerhalb der Wahrheit verwirklicht werden.

3.5.6. Freiheit/Verantwortung und assistierter Suizid

Darf ein Mensch über sein Leben verfügen? Wo liegen die Grenzen der individuellen Freiheit? Ohne übergeordnete, wenn nicht sogar absolute Normen kann eine allgemeingültige und von allen akzeptierte Antwort nicht gefunden werden. Politische und rechtliche Vorgaben können nur vor der Schädigung anderer schützen. Bei assistiertem Suizid verändert sich die Sachlage durch eine zweite Person, die das zum Suizid notwendige Mittel besorgt bzw. übergibt. Daher müssen Suizidaler und Helfer bei der Frage, welche Freiheit ihnen zusteht und welches Maß an Verantwortung sie tragen, unabhängig voneinander betrachtet werden.

Situation des Suizidalen

Das Leben ist unerträglich geworden oder droht es, z. B. durch Demenz, zu werden. Der Entschluss zum assistierten Suizid ist gereift, die Möglichkeit, ihn legal durchzuführen, ist gegeben.

Wie steht es mit der <u>Freiheit</u>, ihn auch zu begehen? Wo liegen die Grenzen menschlicher Freiheit? Wer ist berechtigt, Grenzen zu setzen? Was versteht der Betroffene unter Freiheit, und hat er ihr Wesen begriffen?
Menschliche Freiheit als personales Grundmerkmal kann mit dem Tod nicht realisiert sondern nur beendet werden.
Entscheidungsfreiheit gründet auf der Kenntnis objektiver Sachverhalte und seiner selbst. Um frei entscheiden zu können, müssen die Folgen einer solchen Entscheidung für sich und alle anderen, die davon betroffen sind, mit einbezogen und alle Alternativen zum Suizid berücksichtigt werden.

Um sein Tun <u>verantworten</u> zu können, muss das Entscheidungsobjekt, also das Leben, von seinem Wesen her verstanden werden. Dazu gehört, dass Leben nicht selbst verursacht, einmalig und an die Person gebunden ist. Die Grenze, die das Leben seinem Wesen nach in sich trägt, ist die Aufhebung des Lebens. Wenn der Betroffene diese Grenze überschreitet, verletzt oder tötet er „mit der physischen Integrität die Person selbst"[97].

Es gibt Situationen, in denen die Entscheidung zum Suizid im verantwortungsvollen Bewusstsein Gott und den anderen gegenüber getroffen wird und aus menschlicher Perspektive die Entscheidung als gut und richtig empfunden und bewertet wird. Es bleiben aber offene Fragen: Ist das Vertrauen Gott oder anderen Menschen gegenüber geschwunden? Sind Menschen in der Lage, Gottes Perspektive tatsächlich zu verstehen oder imaginieren sie sich hier etwas, was sie für Gottes Zustimmung halten? Ist das Gefühl, mit dem Suizid endlich Frieden zu finden, ein verlässlicher Indikator für die Richtigkeit der Entscheidung? Gibt es Entscheidungen, die Schuld vor Gott bleiben, aber aufgrund menschlicher Schwäche erklärbar und verantwortbar sind, so dass sie der Gnade Gottes anbefohlen werden können?

Der Suizidwillige trägt <u>Verantwortung auch gegenüber dem Helfer,</u> indem er ihn um Beihilfe bittet. Hat er prinzipiell das Recht, einem anderen diese Bürde aufzuerlegen?

<u>Situation des Helfers</u>
Der Suizidale ist in einer Notlage und bittet um Hilfe. Grundsätzlich besteht die Verantwortung, dem Hilfesuchenden beizustehen. Wesentlich hierbei ist jedoch, dass eine solche Hilfe nicht dem Leben dient, sondern dazu führt, das Leben zu beenden. Es ist auch keine Hilfe zum Sterben, es ist Hilfe zum Tod. An dieser Tatsache

---

[97] Nationaler Ethikrat 2006: 71.

ändert sich nichts, auch wenn durch ein Medikament ein schrecklicherer Weg der Selbsttötung verhindert wird.

Freiwilligkeit ist nicht gleichbedeutend mit Freiheit, die ethische Grenzen hat, u. a. das eigene Leben oder das Leben anderer zu schädigen, auch, und dies mit Vorbehalt geäußert, wenn es sich dabei um ein unerträgliches Leben handelt.

Die eigentliche Verantwortung des Helfenden läge darin, die Situation objektiv zu erkennen und zu beurteilen, Konsequenzen und Alternativen abzuwägen, mit dem Betroffenen zu besprechen und Alternativen eventuell in die Wege zu leiten.
Auch der Helfer ist kein nur rationales Wesen. Er muss sein Handeln sich selbst gegenüber rechtfertigen. Was könnten unvorhersehbare Folgen für ihn sein, z. B. Gewöhnung an die Suizidbeihilfe oder aber Gewissensbisse bis hin zur psychischen Erkrankung? Und er muss sich, auch wenn dies für ihn unwesentlich sein sollte, vor Gott für das Leben des anderen verantworten.[98]
Beide, Suizidaler und Helfer, müssen sich den Angehörigen des Suizidalen und der Gesellschaft gegenüber verantworten, da ihr Handeln auf beide Auswirkungen haben wird.

Ob assistierter Suizid ethisch zulässig ist, hängt entscheidend davon ab, welche Richtlinien berücksichtigt werden. Gibt es eine objektive allgemeingültige Grundlage, auf der sich jeder rechtfertigen muss? In heutiger Zeit gibt es außer einem fragwürdigen gesetzlichen Rahmen für Suizidbeihilfe nichts Allgemeinverbindli-

---

[98] 1. Mose 4, 1–16.

ches mehr. Gott als Bezugsperson und normative Instanz ist weitgehend verloren gegangen, was aber nicht heißt, dass er verschwunden ist.

4. Leben

4.1. Definitionen und ihre Grenzen

Leben wird allgemein als „Seinsform von Lebewesen"[99] verstanden. Menschliches Leben hat neben der biologischen und zeitlichen auch eine personale Dimension, d. h. es ist gleichzeitig physische Existenz (lebend), zeitlicher Ablauf (Geschichte) und Seinsfülle (lebendig). Das personale Phänomen unterscheidet menschliches von tierischem Leben und ist entwicklungsgeschichtlich nicht erklärbar.

Biologisch gesehen ist Leben ein reguliertes, energetisch equilibriertes, offenes System, das durch Stoffwechsel, Reaktion auf äußere Reize und die Fähigkeit, sich zu vermehren, gekennzeichnet ist.

Irdisches Leben ist nach bisheriger Auffassung räumlich und zeitlich begrenzt und verweilt nie in der Gegenwart, auch wenn augenblickliche Taten entscheidend für die geschichtliche Entwicklung sein können.

Menschlich-personales Leben und Menschwerdung müssen differenziert werden. Personales Leben ist Voraussetzung für die Menschwerdung. Mit Beginn seiner Existenz trägt jeder Mensch bereits in sich Leben, d. h. eine personale Seinsfülle, wobei deren Ursprung und der Zeitpunkt ihres Beginns in Diskussion stehen. Menschwerdung bedeutet, diese Seinsfülle zum Ausdruck zu bringen, sie zu verwirklichen und damit gegenwärtig zu werden.

---

[99] Brockhaus 1987.

Der Ursprung des Lebens ist unbekannt. Viele denken, dass Leben zufällig durch evolutionäre Prozesse entstanden ist, andere sind der Ansicht, dass eine schöpferische Instanz dahintersteht. Jede der beiden Auffassungen ist mit unterschiedlichen ethischen Folgen verbunden. Allgemein anerkannt ist jedoch, dass der einzelne Mensch sich sein Leben nicht selbst gibt, sondern dass er es bekommen hat oder dass es entstanden ist. Das Leben jedes Menschen ist einmalig, man bekommt es kein zweites Mal, außer man glaubt an die Reinkarnation. Kein Mensch kann es sich aussuchen, in welche Zeit und Umgebung er hineingeboren wird. Er hat keinen Einfluss darauf, mit welchen Genen, Anlagen und Begabungen er ausgestattet ist. Erst mit zunehmendem Bewusstsein seiner selbst begreift er, wer er ist und wie er *sein* Leben leben kann.

Ebenso unbekannt ist, *warum und wozu* menschliches Leben entstanden ist.

Es gibt nur eine Quelle, die eine Antwort auf all diese Fragen geben kann – Gottes Offenbarung, die ebenso wenig beweisbar ist wie all die Theorien, die Menschen aus den von ihnen selbst gesetzten Axiomen ableiten. Doch die Wahrheit der Offenbarung kann glaubend erfahren werden. Die Bibel zeugt von dem lebendigen Gott,[100] der Urheber, Fundament, Erhalter, Orientierung und Ziel jedes Lebewesens ist.[101] In Freiheit hat Gott menschliches Leben geschaffen, d. h. die Frage, warum er dies tat, bleibt der menschlichen Erkenntnis verborgen. Er ist Initiator eines jeden einzelnen in seiner Einzigartigkeit. Ein Mensch, durch Christus

---

[100] Daniel 6, 27.
[101] Apostelgeschichte 17, 24–28.

von der Verstrickung des Todes befreit[102] und in lebendiger Beziehung mit Gott stehend, kann also darüber Klarheit gewinnen, wer er ist, wozu er lebt und wie er leben kann oder soll. Gott ist ein Gott der Lebenden.[103] Jesus hat dem Tod die Macht genommen.[104] Aus Gottes Perspektive ist der menschliche Tod nicht der Endpunkt eines erfüllten Lebens.[105]

4.2. Unantastbarkeit des Lebens

Je nachdem, welcher der oben erwähnten Theorien über das Leben man anhängt, fällt die Antwort auf die Frage nach der Unantastbarkeit des Lebens unterschiedlich aus.

Wenn Zufall oder Evolution die letzte Ursache für das eigene Leben sind, gibt es aus autonomer egozentrischer Sicht bei vernünftiger Überlegung kein Argument, warum ein sinnentleertes und beschwerliches Leben weiter ertragen werden sollte. Aus einer solchen Perspektive hat das Leben einen individuell bestimmbaren Wert. Jeder hat das Recht, über das eigene Leben frei zu verfügen. Es gibt weder eine gesellschaftliche Übereinkunft noch ein Gesetz, welche diese Eigenverfügbarkeit einschränken könnten. Nach dem Tod verwest der Körper, das eigene Dasein verblasst langsam in der Erinnerung anderer. Vielleicht hinterlässt man der Welt eigene Werke, seien sie materieller oder geistiger Natur. Da die Frage, inwiefern Geist und Seele überhaupt existieren und, wenn ja, in welcher Form, nach wie vor unbeantwortet ist, ist es zu gegebener

---

[102] EG 66, 2.
[103] Markus 12, 27.
[104] 2. Timotheus 1, 10.
[105] Johannes 5, 24.

Zeit gleichgültig, ob der natürliche Tod abgewartet oder dem als sinnlos empfundenen Leben aktiv ein Ende gesetzt wird: „In Würde selbstbestimmt sterben". Diese Einstellung kann soweit führen, dass es für den Betroffenen selbst keine Rolle mehr spielt, ob und wie die Hinterbliebenen mit dem Erlebten zurechtkommen. Wie würde ein Mensch mit einer solchen Lebensauffassung als Stellvertreter für eine behinderte, geistig verwirrte, demente oder minderjährige Person in einer ihm als sinnlos oder leidvoll erscheinenden Lebenssituation des Betreffenden entscheiden? Wenn alte Menschen zahlenmäßig immer mehr zunehmen, sie, ökonomisch gesehen, mehr Kosten verursachen als Leistung erbringen, sollten sie dann nicht zumindest mal darüber nachdenken, ob…?

Ist Leben unantastbar, weil es etwas Absolutes ist? Die Begründung dafür kann nicht im Menschen selbst liegen. Der Mensch besitzt nichts absolut Geltendes, das für alle verbindlich wäre. Allgemeingültig Absolutes kann nur von einer absoluten Instanz außerhalb der relativen menschlichen Welt definiert werden. Was oder wer ist absolut, d. h. unbedingt, vollkommen und unbegrenzt? Aus jüdisch-christlicher Sicht ist der einzig Absolute Gott. Gott *ist* Leben. Leben, von Gott geschaffen, ist in sich nicht absolut, sondern relativ, d. h. auf Gott bezogen. Menschliche Autonomie und Selbstbestimmung müssen in einer verantwortlichen Beziehung Gott und den Mitmenschen gegenüber verankert und begrenzt sein, sonst werden sie stimmungsabhängig, orientierungslos, manipulierbar und eventuell existenziell gefährlich (Suizid).
Auch die Würde des Menschen kann nicht als Grund für die Unantastbarkeit des Lebens herangezogen werden. Dies käme dem Versuch gleich, mit einem personalen Merkmal, nämlich der

Würde, ein Grundphänomen, d. h. das Leben, rechtfertigend zu begründen.

Unantastbar wird Leben, weil es von Gott als personale Seinsfülle dem einzelnen einmalig verliehen worden ist. Menschwerdung, zu der Freude und Leid gehören, ist nur unter der Voraussetzung vorhandenen personalen Lebens möglich und nicht durch dessen Beendigung. Der Mensch ist Gott gegenüber für sein Leben *und* für das Leben seines Nächsten verantwortlich.[106] Leben ist wegen seiner Einmaligkeit und Komplexität, der Geschwindigkeit, mit der es ausgelöscht werden kann und der heutigen Möglichkeiten, es auf einfache und angenehme Weise zu beenden, fragil und schutzbedürftig.

4.3. Lebenssinn

Die Frage nach dem Sinn des Lebens und dem Sinn im Leben wirft die Frage nach dem Warum und Wozu des eigenen Lebens auf, danach, worin es seinen letzten Grund hat, wie man es führen soll und was von ihm bleibt. Sinn gibt Halt, Orientierung und Kraft zum Durchhalten, er verschafft dem Alltag Tiefe. Sinn kann unterschiedlich stark und zeitlich begrenzt empfunden werden. Er ergibt sich nicht von selbst, sondern erfordert, dass man über ihn nachdenkt und ihn entdeckt. In der Frage nach dem Sinn steckt die Sehnsucht nach eigener Vollkommenheit, was einem Heilwerden entspricht.[107]

---

[106] 1. Mose 4, 9 ff.
[107] Vgl. Guardini, Bd. 1. 1994: 293.

Wann wird die Frage nach dem Sinn gestellt? Wird sie verdrängt, auf später verschoben, geht sie in der Hektik des Alltags verloren, oder stellt sich ihr der einzelne? Stellt er sie sich en passant oder dann, wenn er mit dem Thema zufällig konfrontiert wird, oder stellt er sie sich bewusst, weil er das eigene Leben als etwas Einmaliges empfindet? Stellt er sie sich erst dann, wenn die bisherige Sinngebung durch entsprechende Umstände fragwürdig geworden ist, oder hat er bereits eine Antwort gefunden, die ihm in alltäglichen Situationen die Richtung weist?

Wie stellt man sich der Frage? Tut man das auf der Grundlage der eigenen Vorannahmen, mit dem Anspruch auf Selbstverwirklichung oder mit der Bereitschaft, etwas zu riskieren und sich verändern zu lassen?

Die Antwort darauf ist so individuell, wie die Person einzigartig ist. Damit sie aber adäquat ausfällt, gibt es einige Voraussetzungen: Welches Fundament hat das eigene Leben? Hat sich die erkannte Sinngebung bisher im Leben bewährt? Hält und trägt dieser Sinn in schwierigen Situationen? Wird die Lebensangst durch ihn gemindert? Geht er verloren, wenn man von etwas loslassen muss? Umfasst er alle Facetten des eigenen Lebens? Ist der Nächste mit einbezogen?

Die Antwort hängt von der eigenen Lebenseinstellung ab und wird durch gesellschaftliche Strömungen beeinflusst. Sinn ist nicht gleich Wunscherfüllung. Die Gefahr ist groß, sich selbst und damit seine Sinnerfüllung im Leben nicht zu finden, gerade dann, wenn es vorrangiges Ziel ist, sich selbst zu verwirklichen.

Lebenssinn hat mit Selbstverwirklichung zu tun, jedoch anders als nach dem heute üblichen Verständnis. Sinn entsteht im Erkennen und Verwirklichen der eigenen Person, es ist „wie das Herausschälen eines kostbaren Kristalls"[108]. Nur aus der Distanz zu sich selbst, im Spiegel des Nächsten und in Demut im Blickfeld des liebenden Gottes[109] wird das Ureigene stückweise erkennbar und im Miteinander verwirklicht. Den eigenen Lebenssinn findet man nicht in wissenschaftlichen Abhandlungen oder durch Theoretisieren, sondern man lebt ihn in der Beziehung zu anderen und findet darin seine partielle Erfüllung. Sinn entsteht, wenn er von Selbstzentriertheit und Leistung losgelöst werden kann. „Der Sinn des Lebens ist Liebe."[110]

4.4. Lebensabschnitte

Menschliches Leben ist ein zeitlich und physisch begrenzter Prozess und kein Zustand. Biologisch entwickelt sich das Neugeborene zum Jugendlichen und Erwachsenen bis hin zum alten und greisen Menschen, dessen Leben mit dem Tod endet. Persönliche Entwicklung ist gekennzeichnet durch Lernen, Anwenden, Probieren und Reagieren, d. h. sie führt zu Charakterbildung und Lebenserfahrung. Wenn sie normal verläuft, ist sie linear und hält bis zum Tode an, während das physische Altern bereits in frühen Jahren beginnt.

Lebensabschnitte sind durch Veränderungen äußerer Umstände sowie durch physische und seelische Prozesse gekennzeichnet. Je bewusster die einzelnen Perioden durchlebt werden, desto intensi-

---

[108] Mündl. F. Caminada 2019.
[109] Psalm 139.
[110] Zitat meiner Mutter, S. Kap. 3.2.2.

ver, sinnhafter und reizvoller werden sie. Umgekehrt führen Abstumpfung oder Gleichgültigkeit zur Monotonie bis hin zur Verzweiflung. Für die persönliche Entwicklung und Sinnfindung ist es notwendig, dass alle Phasen bewusst angenommen, vollständig und möglichst adäquat gelebt werden und gelebt werden können, d. h. dass dies den Betroffenen auch in jeder Hinsicht ermöglicht wird. Jeder Lebensabschnitt ist einmalig und kann nicht wiederholt oder später nachgeholt werden, auch nicht in einem spekulativ vorgestellten Leben nach dem Tod. Versäumnisse, Verletzungen, Missachtung oder Gewalt in einem der Entwicklungsstadien sind nicht wiedergutzumachen. Die Übergänge sind wichtig und sensibel, was während der „Flegeljahre" deutlich sichtbar wird. Leben in diesem Sinne ist nicht linear, sondern ein Spannungsbogen, der sich auf das Entgegenkommende hin richtet. In jedem Lebensabschnitt liegt bereits Zukünftiges, das vorbereitet und für das Energie aufgebaut werden kann. Es gibt Vergangenes, das sich auf aktuelle Erlebnisse auswirkt oder noch der Verarbeitung bedarf. Und schließlich schwebt das Bewusstsein der eigenen Endlichkeit über dem gesamten Leben.

Faktoren, welche die eigene Entwicklung stören, sind z. B. Gewohnheiten, die zu Behäbigkeit verführen oder Routine und Stress, die das Leben in einen maschinellen Prozess verwandeln. Gedankenlosigkeit, Bequemlichkeit, Ablenkung und Oberflächlichkeit verhindern, dass man Zusammenhänge begreift. Unzufriedenheit mit dem Gegebenen oder Phantasievorstellungen, was hätte sein können, behindern ein echtes Erleben.

Lebensabschnitte zu erkennen und über sie nachzudenken, erfordert Zeit und Stille, die heutzutage rar sind.

Besonders im Kindesalter wird offensichtlich, dass Menschen in den unterschiedlichen Phasen nicht alleine existieren und reifen können, was die Wertigkeit gegenseitiger Wahrnehmung sowie, persönliche Verantwortung füreinander zu übernehmen, unterstreicht.

Im Folgenden soll nur auf zwei Lebensabschnitte, das Altern und das Greisenalter, eingegangen werden.

4.4.1. Altern

„Das Altwerden erfordert Mut. – Wie kann man vergnügt alt werden?"[111]

Mental Kräfte für das Alter zu entwickeln, beginnt in früheren Jahren. Bereits dort werden die Grundlagen dafür gelegt, wie Situationen, vor allem wenn sie sich schwierig darstellen, gemeistert werden, sowie ob Leben als ein kreativer Prozess und nicht als ein unabwendbarer Zustand angesehen wird.

Nach dem Berufs- und Familienleben und wenn die Kinder auf eigenen Beinen stehen, stellt sich das entspannende Gefühl ein, mehr Zeit zur Verfügung zu haben. Daneben nimmt man wahr, dass die eigenen Kräfte nachlassen, sich physische Beschwerden einstellen, dass man vergesslich wird und die Lebensintensität langsam schwindet. Alter und Vergänglichkeit werden fühlbar. Der Umgang mit diesem Wechsel ist sehr unterschiedlich: Verdrängung durch Aktionismus und Verjüngungsoperationen, Resignation, Festhalten am Althergebrachten bis hin zum Starrsinn – oder Annehmen des Alters und Dankbarkeit gegenüber dem bisher Erlebten.

Obgleich der Sinn und Zweck von vielem, auch von Schwierigem, nach wie vor nicht ganz klar ist, erkennt man doch, wie intensiv

---

[111] Zitat meiner 97jährigen Mutter.

und bereichernd die zurückliegenden Jahre waren, dass die Erinnerungen lebendig vor Augen treten und die eigene Existenz eine einmalige Sinnhaftigkeit hat. Auch bei den im Alter neu auftretenden Gebrechen kann der Mut gefasst werden, weiter zu gehen in dem Vertrauen, dass sich gangbare Wege zeigen werden. Unabänderliches kann akzeptiert werden. Der unruhige Geist wird gelassener. Die eigenen Schwächen, Unvollkommenheiten oder Mängel stehen einem selbst und auch manchen Freunden oder Angehörigen klarer vor Augen. Inzwischen kann man sogar ein wenig darüber lächeln. Die Stärken sind nicht mehr dazu da, sich durchzusetzen oder Anerkennung zu ergattern. Sie sind vergleichsweise relativ geworden, man erkennt eifersuchtslos an, dass es auch hier immer noch Bessere gibt. Bereits mit dem, was einem noch möglich ist, kann man sich zufriedengeben.

Der Blick schärft sich, Fakten werden nüchterner gesehen und angenommen, die Fähigkeit zur Unterscheidung wird klarer und feiner, auch für das, was wichtig, echt und sinnvoll ist. Das Leben wird transparenter und man sieht klarer, was bleibende Bedeutung hat, auch das, was jenseits des irdisch Reellen sein könnte mit dessen Reflex auf das jetzige Dasein, was wiederum eine zusätzliche Sinn- und Kraftquelle sein kann. Das eigene Lebensende zu bedenken kann dabei helfen, Schwerpunkte zu setzen und mit sich und den anderen Frieden zu schließen.

Die jungen Leute um sich herum nimmt man mit Freude wahr, allerdings nicht ohne ein wenig nachdenklich zu werden. Sie sind belebend, stimulierend, aber nur zeitlich begrenzt erträglich. Ruhephasen werden häufiger notwendig. Die Jugend kann einem vor Augen führen, zu was man nun alles nicht mehr fähig ist. Zuzugeben, dass man bedürftig ist, und bereit zu sein, um Hilfe zu bitten und sich nicht zu schämen, wenn die eigene Hilfsbedürftigkeit offenkundig wird, muss gelernt werden und wird erleichtert, wenn einem das Gegenüber entgegenkommt.

Die Jüngeren nehmen wahr, ob alte Menschen sich gehen lassen oder sich trotz ihrer Beschwerden zusammenreißen. Sie können von den Älteren ermutigt und motiviert werden, ihrem eigenen Alter entgegenzusehen und sich vorzustellen, es vielleicht auf ähnliche Weise zu leben und, wenn es so weit ist, nicht nur über sich ergehen zu lassen. Immer wieder jedoch kann man auch beobachten, dass jüngere Menschen Mühe haben, mit alten Leuten umzugehen: Die Kraft nicht mehr aufbringen zu können, um Ordnung zu halten, wird als Hilflosigkeit und Verwahrlosung gedeutet; die Gleichgültigkeit gegenüber aktuellen Ereignissen oder die Konzentration auf das Wesentliche, da zu mehr keine Kraft mehr da ist, werden als Verdummung oder Apathie missinterpretiert, Konzentrationsschwäche und Vergesslichkeit als Demenz. Dabei ist das Denken oft klar geblieben und die Wahrnehmung sehr wach. Diese abschätzige Beurteilung wirkt auf die alten Menschen verletzend, ebenso wenn Angehörige für den Betroffenen sprechen und an dessen Stelle entscheiden. Es kostet Zeit, mit einem alten Menschen eine Angelegenheit durchzudenken, sich auf sein langsameres Tempo einzulassen, ihm die Zeit zu geben, nach Worten zu suchen oder, wenn er sich unklar äußert, nachzufragen. Viele haben es verlernt, zuzuhören und mit dem anderen und über sich selbst zu reden. Die Sprache ist verkümmert, es fehlen die Worte, um zu trösten und zu ermutigen, so dass es im Herzen des anderen auch ankommt und nicht nur oberflächliches Gerede bleibt.

Wenn auch nur für einen Moment Zuwendung, Verständnis, Interesse, Geduld, Respekt, Zuneigung oder Wertschätzung des Gelebten geschenkt werden, im Sinne der „Altehrwürdigkeit", blühen die alten Menschen auf, öffnen sich, erzählen bislang ungehörte Dinge, die erst jetzt wieder in ihrem Gedächtnis aufsteigen, und genießen den Augenblick. Dankbarkeit und Treue der Jungen kann das beschwerliche Einerlei der Alten erleichtern. Wenn die Jungen, ohne viel zu erwarten, gebend durchhalten, werden sie dabei selbst beschenkt.

Es erfordert von den alten Leuten Mut und Selbstvertrauen, sich alleine in Menschenansammlungen, z. B. in einer belebten Fußgängerzone, zu bewegen. Es kann vorkommen, dass sie durch aufmunternde und spontane Hilfsbereitschaft überrascht werden, andererseits fühlen sie sich häufig nicht mehr wahrgenommen oder wie lästige Störfaktoren behandelt. Wenn sie das Haus nicht mehr verlassen können, vereinsamen sie. Eine der am häufigsten genutzten Optionen, wenn alte Menschen nicht mehr für sich sorgen können und betreut werden müssen, sind Altersheime, also eine organisierte Altenwohngemeinschaft. Mit ein wenig Glück treffen sie dort auf jemanden, mit dem sie gerne Zeit verbringen oder auf persönlich engagierte Mitarbeiter. Altenheime sind jedoch oft „Betriebe", die nach ökonomischen Grundsätzen geführt werden. Es wird nach Uhrzeit gegessen und geschlafen; Animierprogramme sollen die Heimbewohner unterhalten und in ihrer Kreativität fördern. Sie selbst werden, nicht anders als Patienten im Gesundheitssektor, als Kunden betrachtet. Dennoch wird ihnen oft wenig Raum gegeben, eigene Ideen zu entwickeln und diese, ebenso wie ihre eigene Individualität und ihre jeweils persönlichen Bedürfnisse, auszuleben. Die ganzheitliche Betreuung verliert sich stattdessen im Zeit- und Qualitätsmanagement. „Satt und sauber" genügt aber nicht.[112] Die Frage, wozu sie das alles ertragen sollen, drängt sich alten Menschen auf. Das Altsein kann als unwürdig empfunden werden, wenn sich nicht über die Jahre hindurch eine Vorstellung davon entwickelt hat, worin die eigene Würde besteht und dass sie von der eigenen Leistung unabhängig ist. Ängste, unverstanden, allein und schutzlos gelassen zu werden, steigen auf und steigern sich.

4.4.2. Greisenalter

Immer mehr Menschen erreichen ein hohes Alter. Von einigen wenigen wird dies begrüßt, wenn ihre Beschwerden und all das, wozu sie nicht mehr fähig sind, sie nicht allzu stark beeinträchtigen. Medikamente gehören für sie zu den Mahlzeiten, Arztbesuche sind zur Regel geworden. Die Seh- und Hörfähigkeit lassen nach, was ein geselliges Beisammensein erschwert; wer nicht hört und nicht mehr schnell genug antworten kann, gerät rasch ins Abseits. Dann ist schweigen und schlafen einfacher, als daneben zu sitzen und doch nicht mit einbezogen zu sein. Misstrauen gegenüber anderen oder das Gefühl, selber wertlos zu sein, können aufkommen. Manche empfinden es hingegen als entlastend, genießen zu dürfen, wie die Jüngeren miteinander diskutieren, ohne selbst gefordert zu sein.

Greise Menschen haben nicht selten einen unangenehmen Geruch an sich, weil sie nicht mehr in der Lage sind, so reinlich zu sein wie früher. Auch dass ihre Selbstdisziplin nachlässt, muss akzep-

---

[112] Höffe 2018: 159.

tiert werden. Nach mehr Wärme verlangt es sie nicht nur rein äußerlich, daneben spüren sie ein wachsendes Bedürfnis nach Geborgenheit, d. h. sich anvertrauen und Schutz und Ruhe finden zu können. Ängste oder verdeckte Verzweiflung nehmen zu, das Selbstvertrauen schwindet. Eigensinn und Aggression können Vertuschungsmanöver sein. Die Regelmäßigkeit, das Bekannte geben Sicherheit. Die Meinung anderer und die Wirkung auf andere werden unwichtig, und so werden Dinge gesagt, die sie früher aus Anstand unterlassen hätten. Manche wiederum schweigen und fügen sich, auch wenn sie mit dem, was andere sagen nicht einverstanden sind, aus Angst, alleine gelassen zu werden.

Positives Seiten an greisen Menschen werden leicht übersehen: wenn sie mit Humor den eigenen Verfall für sich und die anderen erleichtern, Bilder oder Gesten finden, trotzdem darüber lachen zu können – es erfordert Selbstironie und Annahme dieser bedauerlichen Veränderungen. Es erfordert Bescheidenheit, sich einzuschränken und zu verzichten. Der Grund für die Selbstachtung und Achtung durch andere liegt nicht mehr darin, Leistungen zu erbringen, ein hohes Ansehen zu besitzen oder für andere nützlich zu sein; er kann nur noch im Kern der Person selbst gefunden werden, in der Begegnung mit einem anderen Menschen. Daher sind Besuche gerade in diesem Lebensabschnitt so wichtig, auch wenn die Konversation mit greisen Menschen oft mühsam ist.

Der Prozess des Voneinander-Lernens hört bis zum Lebensende nicht auf. Auch der Greis geht noch auf den anderen ein, doch tut er dies meist stiller und mit weniger Worten. Es mag zu kleineren Reibereien kommen, die der greise Mensch aber schnell wieder vergisst. Es wäre unsinnig, ihm etwas nachzutragen oder mit ihm groß darüber diskutieren zu wollen. Auch die Jungen müssen lernen sich auf solche Veränderungen einzustellen.

Nach wie vor nehmen greise Menschen Anteil an den Sorgen der Angehörigen und helfen ihnen oft spontan und großzügig. Die Mitte der greisen Person, das, was sie durch das Leben getragen hat, kommt an die Oberfläche und wird für die Jungen erkennbar. Vielleicht sprechen greise Menschen Dinge an, die sie noch nicht verarbeitet oder die sie jemandem noch nicht verziehen haben, möglicherweise äußern sie auch Dankbarkeit für ein erfülltes Leben. Anders gesagt: Ihr Leben gelangt zur „Voll-Endung"[113].

Im Alter im Glauben verankert zu sein, ist eine zusätzliche Kraftquelle aufgrund des konkreten Versprechens Gottes, dass der Altwerdende wie ein am Wasser gepflanzter Baum ist. Auch wenn er nun krumm wächst, so blüht er doch und bringt Frucht. Er wird unterstützt und getragen.[114] Versprechen werden, auch bei Gott, im entscheidenden Moment eingelöst und nicht vorher. Dem konkret werdenden Sterben kann getröstet entgegengelebt werden mit der Zusage, dass unser Leben mit Christus in Gott verborgen ist.[115] Es wächst das Vertrauen, dass unser jetziges, manchmal beschwerliches Leben ein Ziel hat. „Das Ziel ist, dass das Selbst zugeschliffen wird, statt abgeschliffen zu werden."[116]

Die Hilflosigkeit eines Kindes ruft Fürsorge und Liebe hervor. Wie steht es mit der Hilfsbedürftigkeit eines unansehnlichen Greises? Ist die Reaktion Abscheu, Ekel, Angst, Widerwillen, ein Gefühl der Hilflosigkeit, Überforderung oder Belästigung? Wirkt seine schwindende Lebenskraft lähmend auf die der Jüngeren – oder

---

[113] Guardini 2001: 62.
[114] Psalm 92, 14 f.
[115] Kolosser 3, 3 f.
[116] Kierkegaard 2002: 32.

werden diese vielleicht dadurch herausgefordert und selbst verändert? Wird der Greis als nutzlos erlebt, weil er nicht mehr so viel leisten kann wie früher, oder als Last, weil das Verfolgen eigener Interessen durch seine Bedürftigkeit gestört wird? Oder kann seine Lebenserfahrung einen bereichern, er Vorbild sein und den eigenen Horizont erweitern? Eröffnet der greise Zustand die Gelegenheit, dass man die eigentliche Person nun vertieft kennenlernt? Wird erfahrbar, was Mitleid im Unterschied zu Sentimentalität heißt, und dass Geduld Aushalten bedeutet? Ist man in der Lage, über sich selbst hinauswachsen, wenn es gilt, Verantwortung für greise Angehörige zu übernehmen, sie aufzumuntern oder Trost zu spenden? Es hängt nicht nur von der greisen Person ab, wie diese die verbleibende Zeit bis zum Tod erlebt und erträgt, sondern ebenso von den Menschen um sie herum und davon, inwieweit diesen – unter Berücksichtigung der eigenen Belastungsgrenzen – die betreffende Person zum Nächsten wird.

„Selig, die Verständnis zeigen für meinen stolpernden Fuß und meine lahmende Hand. Selig, die begreifen, dass mein Ohr sich anstrengen muss, um aufzunehmen, was man zu mir spricht. Selig, die wissen, dass meine Augen trüb und meine Gedanken träge sind. Selig, die verstehen, Erinnerungen an frühe Zeiten in mir wachzurufen. Selig, die mich erfahren lassen, dass ich geliebt, geachtet und nicht allein gelassen bin. Selig, die mir in ihrer Güte die Tage, die mir noch bleiben, erleichtern."[117]

---

[117] Aus Afrika, Losungen 2.5.2019.

4.5. Zeit und Ewigkeit

„Aus meiner Sicht ist das Wesentliche an der Zeit die Beziehung von Ursache und Wirkung. Nach Einstein gibt es z. B. Gleichzeitigkeit, wenn zwei Ereignisse in vierdimensionaler Raumzeit so weit weg voneinander liegen, dass es keinen ursächliche Zusammenhang zwischen ihnen geben kann."[118]

Menschliche Lebewesen spüren die Begrenzung durch Raum und Zeit. Ursprung und Beginn der Zeit sind unbekannt, obwohl es hierzu diverse Theorien gibt. Zeit ist objektiv messbar und wird subjektiv erlebt. Sie ist als linearer Prozess, als periodische Wiederholung oder als einmalig vorstellbar. In der okzidentalen Welt verläuft sie horizontal nach vorn gerichtet. Der Mensch ist fähig, sich der Zeit bewusst zu werden, sie zu erleben und sie auszufüllen. Seine aktuelle Geschichte wird von Erinnerungen und Hoffnungen beeinflusst. In der Gegenwart zu verweilen ist dem Menschen nicht möglich; doch gibt es Momente, in denen er sich danach sehnt, eine Sehnsucht nach Ewigkeit.

Dass der Mensch nur über eine begrenzte Zeit im Alltag verfügt, wird heute als Herausforderung erlebt, die verfügbare Zeit kontrolliert zu nutzen, ständig erreichbar und verfügbar zu sein,. Zum Ausgleich genießt man vermehrt die Freizeit mit Familie und Freunden oder um die eigenen Interessen in Ruhe realisieren zu können. Zeit wird, wo immer es möglich ist, eingespart. Auch Kinder werden bereits in diese „Fertigkeit" eingeführt. Zeit muss sinnvoll ausgefüllt werden – aber worin besteht hier Sinn? Ist der

---

[118] Schriftl. Mitteilung A. Solymosi 27.1.2020.

Grund dafür Angst, dass man etwas versäumen könnte, was man nicht mehr nachholen kann, oder steht dahinter, positiv formuliert, die Sehnsucht nach Vollkommenheit? Der Umgang mit der Zeit muss erlernt werden, was bedeutet, dass man sich nicht mehr von der Zeit beherrschen lässt, sondern dass man die Freiheit gewinnt, souverän mit der zur Verfügung stehenden Zeit umzugehen. Dies beinhaltet, dass man ab und zu innehält, um Abstand von etwas oder jemandem zu gewinnen, um Gegebenheiten näher zu betrachten, über sie nach-zudenken, sich andere Möglichkeiten vor-zustellen oder sich selbst zu be*sinn*en.

Nach der biblischen Offenbarung hat Gott, der Unendliche und Ewige, Zeit und Raum gesetzt. Er hat in irdisch zeitliches Geschehen eingegriffen und dadurch vertikal gerichtete Zäsuren gesetzt und tut dies nach wie vor. Die wesentliche Zäsur geschah mit der Menschwerdung Gottes. In Jesus hat Gott sich aus freiem Entschluss zeitlich und räumlich selbst begrenzt. Mit Jesu Auferstehung ist die gesamte irdische Lebensraumzeit mit Gottes Ewigkeit verschränkt worden, horizontal und vertikal gerichtete Zeit werden in Christus gemeinsam wirksam und menschlich erfahrbar[119].

Zeit und Ewigkeit haben neben dem quantitativen auch einen wesenhaften Inhalt. Ewigkeit ist qualitativ anders als irdisches Zeiterleben, sie ist erfüllte *Gegenwärtigkeit*, Leben in uneingeschränkter, unbedingter und personenbezogener Freiheit. Mit Christus hat sich nicht nur für das einzelne Menschenleben, sondern für die gesamte Schöpfung ein neues Tor geöffnet, indem sich die ersehnte Vollkommenheit, das Heilsein des Menschen und der Natur, in Gottes Gegenwart erfüllt.

---

[119] Johannes 11, 25f.

4.6. Konsequenzen

Welche Schlussfolgerungen ergeben sich aus diesen Überlegungen?

Das eigentliche Leben ist nicht selbst-verständlich sondern nur selbst-verstehend zu entdecken.

Voraussetzung dafür, um die Bedeutung menschlichen Lebens zu erfassen, ist, den Aspekt der personalen Lebensfülle miteinzubeziehen.

Menschliches Leben, Freiheit und Liebe gehören untrennbar zusammen. Sie sind nicht naturhaft und nur von Gott her zu verstehen.

Um darüber zu entscheiden, ob das Leben noch sinnvoll ist, muss der an die Person gebundene Lebenssinn berücksichtigt werden, statt nur einzelne Aspekte, auf die man im Leben Wert legt, in Betracht zu ziehen.

In schwierigen Lebensphasen ist das Fundament entscheidend, auf dem dieser Prozess, nicht Zustand, positiv verändert werden kann.

Mit Suizid, einer nicht korrigierbaren Tat, wird jede weitere persönliche Entwicklungsmöglichkeit ausgeschlossen.

Die Verantwortung des Menschen seinem Leben gegenüber besteht nicht darin, es zu beenden, sondern es zu leben. Wie er es lebt, ist entscheidend. Weder Anfang noch Ende des eigenen Lebens stehen in des Menschen Verfügungsgewalt. Können ist hier nicht gleich Dürfen. Diese Verantwortung, die der Mensch sich selbst, dem Nächsten und Gott gegenüber hat, ist nur, wenn er lebt, realisierbar.

Da Leben in sich nicht absolut ist, muss es nicht um jeden Preis erhalten werden. Ein Lebensende gehört zum irdischen Leben dazu. Indem der Mensch Leben *künstlich* und sinnlos verlängert oder es selbst beendet, ignoriert er seine Unfähigkeit, das Wesen des Lebens auch nur annähernd zu begreifen.

Persönliche Reife entwickelt sich nur, wenn Lebensphasen, also auch das Sterben, bewusst und vollständig gelebt werden und gelebt werden dürfen.

Persönliche Reife und Würde äußern sich nicht in einer möglichst ausgeprägten Selbstbestimmtheit, sondern in dem Mut, geschenkte Liebe anzunehmen.

Persönliche Reife entwickelt sich u. a. auch dadurch, wie das Altern anderer wahrgenommen und begleitet wird.

Steht das eigene „Lebensgebäude"[120] auf festem Grund? Was würde sich ändern, wenn Gott doch existiert? Woher kommt die Sehnsucht nach Vollkommenheit und Ewigkeit, und welchen Einfluss könnte die Ewigkeit auf das eigene irdische Leben haben?

---

[120] Iberg, M. 2018/2019, S. Kap. 5.4.

5. Schattenseiten des Lebens

5.1. Leid

Leid ist eine der menschlichen Grunderfahrungen – der Mensch ist fähig zu leiden und dies bewusst zu erleben, meist in konkreten Situationen, die subjektiv unterschiedlich intensiv empfunden und individuell, sozial und kulturell geprägt auf verschiedene Art und Weise verarbeitet werden[121] oder die sich zu einer lebensverändernden Krise entwickeln können. Immer sind auch Nahestehende betroffen, deren Haltung und Verhalten das Erleben des einzelnen beeinflussen.

Woher kommt das Leid, oder warum müssen Menschen leiden? Was ist darunter zu verstehen und wie kann damit umgegangen werden?

Leid entsteht normalerweise unvorhergesehen und ungewollt, nur die Art und Weise, wie Leid erlebt und gelebt wird, kann willentlich beeinflusst werden. Was den Ursprung des Leides betrifft, gibt es verschiedene Theorien. Dass der Mensch als Teil der Natur leiden muss, berücksichtigt lediglich den biologischen Aspekt und erklärt nicht Leid als subjektive ganzheitliche Erfahrung. Ist Leid eine Bürde, die einem auferlegt wird und wenn ja, wer tut so etwas? Manche sehen im Leid eine Strafe oder die Konsequenz aus früheren Vergehen. Wenn Gott ins Spiel gebracht wird, schweigt, straft oder erzieht er. Doch es gibt zu viele Situationen, in denen eine solche Begründung unsäglich wäre.

---

[121] Vgl. Mendiola 2000: 212.

Leid ist mehr als nur ein physischer Vorgang, es umfasst die gesamte menschliche Person. Es ist Teil der Polarität menschlichen Lebens mit seinen Schatten- und lichtvollen Seiten. Liegt die Ursache also tiefer, in der menschlichen Person?

Personsein als Beziehungsverhältnis zu anderen zeigt hier die Richtung an, denn Leid besteht im Grunde genommen darin, dass man sich zutiefst einsam und verlassen fühlt. Die Abgründigkeit einer solchen Einsamkeit mündet schließlich in der Frage: „Mein Gott, mein Gott, warum hast du mich verlassen?"[122] Jesus erleidet in diesem Moment die gottverlassene Einsamkeit der ganzen Menschheit.[123] Gleichzeitig wendet er sich fragend und vertrauend Gott zu – und wird letztlich auferweckt. Das Leid ist durch Christus zwar nicht verschwunden, aber überwunden worden.

Durch Leid als Zustand oder Prozess – körperlich oder seelisch, akut oder schleichend, eigenes oder fremdes, verschuldet oder unverschuldet – wird stets der dahinfließende Lebensstrom gestört. Auslöser für das Ungemach können u. a. Ungerechtigkeit, Krankheit, Abschied oder Isolation sein. Leid äußert sich in Schmerz, Angst, Trauer, Minderwertigkeitsgefühlen und vielem anderen mehr. Es beinhaltet Selbstentfremdung oder etwas von sich selbst loslassen zu müssen, was wie ein kleiner Tod ist. Leid ist totalitär, erfasst den ganzen Menschen und mit ihm oft auch das soziale Umfeld. Trotzdem bleibt über lange Zeit die Hoffnung wach, dass die Beschwerden gelindert oder geheilt werden können.

---

[122] Psalm 22, 2, Matthäus 27, 46.
[123] Johannes 1, 29, 1. Johannes 2, 2.

Leid, meist in abgemilderter Form und doch ganzheitlich erlebt, begegnet man bereits im Kindesalter. Dass auf Tränen und den Ruf nach Hilfe reagiert wird, ist eine wichtige Erfahrung, die das Kind macht, im Hinblick auf die persönliche Entwicklung, den späteren Umgang mit schwierigen Situationen und das wachsende Vertrauen darauf, dass Mitmenschen bereit sind, einem zu helfen und man diese Hilfe auch annehmen darf. Dieser Lernprozess kann behindert oder unterstützt werden, wobei Vorbilder in dieser Hinsicht einen bleibenden Eindruck hinterlassen.

Der Leidensprozess kann in drei Abschnitte gegliedert werden: Zusammenbruch, Verarbeitung und Veränderung.[124]

Die eigene Not als solche zu erkennen und zu benennen, ihr Ausdruck zu verleihen, dies auch tun zu dürfen durch Gesten, Laute oder Worte, ist ein erster Schritt, sich die Situation und das eigene Befinden bewusst zu machen.

Manches wird zerstört, geht verloren und erfordert Loslösung und Abstandnehmen. Abstand, auch von sich selbst, schafft Raum für Fragen: In welchem Zustand bin ich? Gibt es irgendetwas Positives? Kann der momentane Zustand geändert werden? Wie kann ich ihn ändern? Was kann mich trösten? Wer kann mir helfen? Wie kann ich die Bitte um Hilfe äußern? Bin ich bereit, mir helfen zu lassen? Oft sind es nur Gedankenfragmente. Aber sobald sie auftauchen, beginnt der Weg: Trost finden in der eigenen Lebensanschauung; Selbstmitleid ablegen; eigene Bedürfnisse und Wünsche klären; die Perspektive wechseln; Beziehung zulassen; Alternativen oder Neues in Erwägung ziehen; mit dem Verlust leben, ohne sich weiter an etwas oder jemandem festzuklammern oder

---

[124] Vgl. Mendiola 2000: 210.

aber Abschied vom anderen nehmen und das Leben loslassen, wenn sich als Ende des Leidensweges der Tod abzeichnet. Aus einer solchen Entwicklung der persönlichen Einstellung und wenn das Leben weitergehen darf, erwachsen neue Erfahrungen, auf die später zurückgegriffen werden kann. Ein hilfreicher Gedanke, ein tröstendes Wort, positiv erlebte Kleinigkeiten im „Glutofen des Elends"[125] bleiben im Gedächtnis haften. Leiden kann sich hinziehen, dauern. Geduld hat mit erdulden können zu tun, auch sich selbst. Der einzelne kann wesenhaft verändert werden. Leid ist „immer mit Lebensgewinn verbunden"[126], was nicht mit Lebensverlängerung oder Lebensverbesserung gleichbedeutend ist, sondern eher mit einem tieferen Verständnis des eigenen Lebens und Wesens zu tun hat. Leid führt über Geduld und Bewährung zur Hoffnung.[127] Diese Gliederkette kann an jeder Stelle verzögert oder unterbrochen werden, so dass es ungeklärt bleiben kann, worin die Hoffnung besteht.

Wenn der Weg misslingt, kann Leid dazu führen, dass Menschen resignieren oder sich darüber empören, in Selbstmitleid oder Verzweiflung versinken, was bis hin zur Flucht in den Selbstmord führen kann. Oder sie suchen die Schuld bei anderen, vielleicht auch bei sich selbst. Wenn es möglich ist, verdrängen manche Leid oder überspielen es. Andere hingegen ertragen Leid souverän und selbstbeherrscht oder rational-distanziert. Manche sind fähig, durch meditative Gedanken- und Gefühlsentleerung sich für das Leid geistig zu desensibilisieren.

---

[125] Jesaja 48, 10.
[126] Guardini 2017: 62.
[127] Römer 5, 3 f.

Da die Vorstellung von Leid Unbehagen oder Angst erzeugt, wird das Thema vermieden. Schmerzbetäubung oder Leidfreiheit werden angestrebt und sogar eingefordert. Tägliche Nachrichten über weltweites Leid berührt die Mehrheit der Menschen zwar kurze Zeit, be*trifft* sie aber nicht, so dass nicht Sensibilisierung sondern letztlich Abstumpfung gegenüber fremdem Leid die Folge ist.

Meist wird Leid privat ausgehalten und vor anderen versteckt. Nur Angehörige, Freunde oder Fachpersonen werden allenfalls zu Rate gezogen. Für sie wird die Begleitung zu einem ausgewogenen Spiel wird zwischen Mitgefühl und Engagement, sich Zurücknehmen und Zuwendung, Schweigen und Zuspruch, Handreichungen und Abstandhalten. Für eine gewisse Zeit muss das eigene Leben an das Leben des Betroffenen angepasst werden. Dazu bereit zu sein, kostet anfangs Selbstüberwindung, denn die Prioritäten müssen neu gesetzt werden. Gelingen kann dies nur in freiwilliger Eigeninitiative mit viel Zeit, Geduld, Nachsicht und dem Versuch, sich in den anderen hineinzuversetzen. Nur so kann der Betroffene durch diese Lebensphase getröstet hindurch gehen. Die Alternative wäre Einsamkeit.

Auch hier gibt es andere Verhaltensweisen der begleitenden Personen. Manche meinen, dem anderen, aber auch sich selbst, mit sachlich-kühler Distanz am besten zu dienen. Mit jemandem in dessen Leid einzustimmen und sich darüber zu empören, kann derjenige, der Leid erfährt, als Mitgefühl missverstehen. Das Gefühl, für einen Leidenden zuständig zu sein, kann man entweder verdrängen oder aber die Fürsorge für ihn so weit treiben, dass sie in Fremdbestimmung ausartet. Hinter Hilfsbereitschaft kann auch der Wunsch nach Selbstbestätigung stehen. Der Betroffene spürt meist solche verborgenen Einstellungen, wodurch sein Leid jedoch verstärkt wird, so dass er nach Möglichkeiten sucht, den anderen zu entlasten, was letztlich im Suizid enden kann. Wenn echter Beistand nicht möglich ist oder er die eigenen Kräfte übersteigt, ist ein rechtzeitiger Rückzug besser für alle Beteiligten. Denn auch die, die sich um den Leidenden kümmern, sind selbst „Wärme-, Orientierungs- und Beziehungsbedürftige"[128], die sich dem Risiko der Hilflosigkeit, der Ohnmacht und des Sich-selbst-Infragestellens aussetzen.[129]

Welche Rolle spielt Gott dabei? Die Antwort lautet: gar keine. Er spielt keine Rolle, er kann nur inmitten des Leides *sein*. Er will gewollt, angerufen und erkannt werden.[130] Er hat selbst in Jesus Christus, stellvertretend für alle Menschen und nicht nur solidarisch, menschliches Leid in seinem ganzen Ausmaß erlitten. Er weiß, was Leid ist, und wie es sich anfühlt. Er ist mitten in menschlichem Leid präsent, wenn auch oft unerkannt. Mit Christus wird es möglich, von ihm getragen, seinen Leid überwunden habenden Weg zu gehen, der nicht als fertige Lösung vorliegt, sondern vielmehr eine Entdeckungsreise ist. Die Erkenntnis reift, dass es bislang nicht bedachte und neue, auch innere neue Wege gibt, im Leid leben zu können, aus dem Leid herauszukommen oder über das Leid hinaus zu sehen. Die wesentliche Frage ist daher nicht, warum es Leid gibt, warum und wozu es einem widerfährt oder warum Gott Leiden nicht verhindert, sondern *wie* jemand das Leid lebt, nicht nur indem er rational über dessen Ursachen nachdenkt

---

[128] Iberg,M., Carr,C. 2018/19: 58.
[129] Iberg,M., Carr,C. 2018/19: 75.
[130] Jakobus 5+13, Psalm 50, 15.

oder es gefühlsmäßig erträgt, sondern indem er in eine befreiende lebendige Beziehung mit anderen Menschen tritt.

Drei besonderen Ausprägungen von Leid, die im thematischen Zusammenhang eine besondere Rolle spielen, sollen näher betrachtet werden.

5.1.1. Angst

Die Angst vor einer Situation oder vor einem Menschen ist oft unerklärlich und eher instinktiv, sie kann einem gegenstandslosen diffusen Gefühl entsprechen oder messerscharf plötzlich präsent sein. Angst kann geschürt werden. Sie kann Phantasien entspringen oder in Kenntnis einer drohenden Gefahr entstehen. Sie kann davor schützen, sich in Gefahr zu bringen oder das eigene Leben zu riskieren. Angst zu ignorieren, kann tollkühn oder übermütig sein. Sie lässt sich überspielen oder durch Ablenkungsmanöver verdrängen, ein für alle Mal aus der Welt schaffen lässt sie sich nicht. Sie sich bewusst zu machen, lässt sie nicht verschwinden, eröffnet aber Wege, mit ihr umzugehen, sie im Zaum zu halten und Panikreaktionen zu vermeiden. Zu handeln, auch wenn einem die Risiken bewusst sind, erfordert Mut und Vor-Sicht. Pflicht- und Verantwortungsgefühl, die Intensität, mit der ein Ziel angestrebt wird, die Notwendigkeit, einer Situation standzuhalten oder Nächstenliebe können dabei helfen, Mut zu fassen.

Angst im Leid potenziert die Schmerzen, vertieft die Einsamkeit und kann in der Verzweiflung enden, den Lebenszusammenhang oder sich selbst zu verlieren.

Die Lebens- oder Todesangst sind tief im Menschen verwurzelt und werden meist unterdrückt oder übertüncht. Auch hier liegt die

Ursache tiefer und ist, wie im Leid, nur von der gottverlassenen Einsamkeit Christi[131] her zu erahnen.

Vertrauen und Hoffnung sind der Schlüssel für das Leben mit der Angst, d. h. sie auszuhalten. Zunächst ist es das Vertrauen in sich selbst, das durch zahlreiche Situationen im Leben herausgefordert und eingeübt werden kann und das mit dem Wissen um die eigenen Stärken zunimmt. Bei der Planung einer eventuell gefährlichen Lebensphase kann das Vertrauen, sie bewältigen zu können, durch eine entsprechende Vorbereitung und durch Gespräche mit Beteiligten oder Experten aufgebaut werden. Das Vertrauen in andere wächst durch die Erfahrung, dass diese einem bereits im Bedarfsfall zuverlässig mit ihren Kenntnissen zur Seite gestanden haben. Angst ist ein Prozess, den kein Mensch jemandem stellvertretend abnehmen kann, der jedoch Partner benötigt, um bewältigt werden zu können. Daher ist die Bereitschaft der betroffenen Person, sich anzuvertrauen, ebenso wichtig wie die Bereitschaft der umgebenden Menschen, sich ihr zur Verfügung zu stellen. Nicht nur mit der Angst leben zu können, sondern von ihr grundlegend *befreit* zu werden, gelingt nach biblischem Verständnis nur durch das Vertrauen in Jesus Christus.[132]

5.1.2. Schmerz

Schmerz wird überwiegend mit physischen Schmerzen identifiziert, die nicht beiseitegeschoben werden können, alles andere überlagern und eine Reaktion darauf erfordern. Hat man sie einmal

---

[131] Matthäus 27, 46.
[132] Johannes 16, 33.

erlebt, versucht man, sie zu vermeiden oder prophylaktisch zu betäuben. Wenn Schmerzen regelmäßig auftreten, kann sich eine Angst davor entwickeln.

Im Schmerz wird die Aufmerksamkeit auf sich selbst zentriert mit der Tendenz, sich zurückzuziehen bis hin zur bewusst erlittenen Einsamkeit. Der Rückzug geschieht möglicherweise aus dem Wunsch heraus, von anderen nicht belästigt zu werden oder um hemmungslos dem eigenen Schmerz Ausdruck geben zu können und ist mit dem Risiko verbunden, dass andere sich zurückgestoßen fühlen. Andauernde Schmerzen zermürben, sie zehren die Lebensgeister auf. Resignation, Apathie oder Auflehnung kommen hoch sowie der Wunsch, dem ein Ende zu bereiten.

Schmerz betrifft den Menschen ganzheitlich. Melancholiker mit ihrem seelischen Schmerz kann man an ihrer verringerten Mimik, ihren langsamen und kraftlosen Bewegungen oder ihrer verwaschener Sprache erkennen. Es kann jemandem schmerzlich bewusst werden und aggressiv oder depressiv machen, wenn er merkt, dass er Zusammenhänge nicht mehr versteht oder dass er vergesslich wird. Der Schmerz kann so umfassend werden, dass der Betroffene sich auch in seiner sozialen und materiellen Sicherheit bedroht fühlt, was so weit gehen kann, dass er sein Selbst sowie sein ganzes Leben in Frage stellt. Es gibt eine Schmerzgrenze, an der sich die Ich-Beziehung, also die Beziehung zu sich selbst, im „totalen Schmerz"[133] auflöst.

Schmerzen zu lindern oder zu beheben beinhaltet daher z. B. neben einer individuellen medikamentösen Therapie auch Psychotherapie, das Hinzuziehen sozialer Dienste und die Inanspruchnahme von Unterstützungsangeboten für die Angehörigen.

---

[133] Wils 1999: 78.

5.1.3. Verzweiflung

„Man kann sich selbst fremd werden, das ist der umgekehrte Wahnsinn und der letzte, d. h. tiefste Abgrund, in den man stürzen kann".[134]

Angst und Schmerz können in Verzweiflung enden, d. h. in unendlichen Zweifeln, die sich im Kreis drehen und sich selbst unterhalten, aus denen es keinen Ausweg mehr gibt und die einen in den Abgrund hinunterziehen wie der Strudel einen Ertrinkenden. Verzweiflung ist eine „Krankheit im Geist, im Selbst"[135]. Der so Betroffene findet keinen Weg mehr zum helfenden, erlösenden Nächsten. Er kreist nur mehr, sich von anderen und von sich selbst entzweiend, um sich herum und verliert dabei am Ende sein Selbst – ein Tod in eisiger Einsamkeit. Ein anderer könnte ihn herausreißen. Aber damit er die ausgestreckte Hand auch nehmen kann, muss er bemerken, dass sie ihm hingehalten wird. Das wiederum erfordert, dass er zunächst einmal von sich selbst wegblickt und sich die eigene Hilfsbedürftigkeit eingesteht. Der zweite Schritt besteht darin, sich einem Mitmenschen anzuvertrauen, seine Hand nicht mehr loszulassen und sich von ihr ziehen zu lassen, wohin auch immer.

In der Tiefe des menschlichen Daseins verbirgt sich Verzweiflung, und unendlicher Zweifel an sich selbst, da die Person aus sich heraus nicht dazu in der Lage ist, sich aber danach sehnt, sich selbst vollkommen zu verwirklichen. Heilung an der Wurzel ist nur durch die rettende Hand Christi möglich.

---

[134] Hebbel 1978: 397.
[135] Kierkegaard 2002: 13.

Sich der Verzweiflung hinzugeben oder Vertrauen auszuschlagen, ist, so verstanden, personaler Suizid. Sich verzweifeln zu lassen, die entscheidende, wenn auch minimale Bewegung aus dem Strudel nicht zu tun, führt zum vollkommenen Verlust des Selbst-Seins. Den eigenen physischen Tod herbeizuführen, ist dann nur mehr eine logische Konsequenz, die aber nicht aus der Verzweiflung herausführt, sondern in der Verzweiflung verstrickt geschieht. Suizid ist keine Erlösung aus der Verzweiflung, sondern eine Vollendung der Verzweiflung.

5.2. Sterben

Sterben und Tod werden oft unzureichend differenziert. Das Sterben, das nur Minuten dauern oder sich auch über Wochen hinziehen kann, ist noch Teil des Lebens, wird aber eher als eine unbekannte, angstmachende Phase empfunden, die unweigerlich mit dem eigenen Tod endet.

Viele haben gewisse Wünsche bei der Vorstellung ihres eigenen Sterbens. Sie möchten gerne zu Hause in der gewohnten Umgebung sein, da dies ihnen Geborgenheit vermittelt. Ein anderer Wunsch ist, nicht lange dahinsiechen zu müssen, sondern lebenssatt im Schlaf zu sterben, was im hohen Alter, wenn die Aktivität nachlässt und die Müdigkeit zunimmt, durchaus häufig der Fall ist. Da niemand sicher sein kann, dass die eigenen Wünsche tatsächlich erfüllt werden, bleibt eine gewisse Bange, wie das persönliche Sterben aussehen wird, was man dann spüren oder erleben wird, bzw. inwieweit einem der Übergang vom Sterben in den Tod überhaupt bewusst wird. Mit verschiedenen Strategien wird versucht, diese Ungewissheit in den Griff zu bekommen: Sterben und Tod können als ein für die Gegenwart unbedeutendes, in ferner Zukunft liegendes Ereignis bagatellisiert werden. Wenn der Tod als unvermeidbares Schicksal angesehen wird, lässt man ihn resignierend auf sich zu kommen. Oder man ist neugierig zu erfahren, was mit einem in dieser Phase passieren wird. Um Fremdbestimmung und Abhängigkeit von anderen auszuschließen, wird von manchen das Lebensende geplant und organisiert, z. B. indem sie sich mit Hilfe eines Medikamentes in einen sicher tödlichen Schlaf versetzen. Gewisse Berichte, was in dieser Phase des Sterbens alles vor sich gehen soll, werden von anderen als Phantasmen angesehen, die keiner weiteren Beachtung bedürfen, alles Erklären und Ausschmücken wäre unnötig verbrämender Zierrat. Oder das Gegenteil ist der Fall, dass der Sterbeprozess als eine für den Betroffenen besonders wichtige Lebensphase betont wird, ohne dass ihm das mit seinem unausweichlichen Ende eigentlich zustünde.

Ars morendi, die Kunst des Sterbens, beginnt mit der Vorbereitung darauf bei sich selbst. So wie bei allem, was bewältigt werden muss, ist es notwendig, sich vor dieser letzten Phase damit auseinanderzusetzen und sich Fragen zu stellen. Wie verhalten wir uns in überraschenden oder unsicheren Lebenssituationen? Panisch oder gefasst? Gedanken- und ziellos oder strukturiert? Mutig, ohne tollkühn zu werden? Haben wir unsere Kräfte ausprobiert und kennengelernt, und können wir in der entscheidenden Situation auf sie vertrauen? Wie gehen wir mit Abschied und Verlust um? Können wir von Dingen oder von Menschen loslassen, ohne diese weiterleben und die Ansicht entwickeln, durch sie bereichert worden zu sein? Andere Fragen beziehen sich darauf, was Sterben allgemein und auch für einen persönlich bedeutet oder ganz praktisch darauf, wie die Angelegenheiten für die Nachkommen geregelt werden sollten. Das soziale Umfeld miteinzubeziehen, das Gespräch mit Angehörigen oder Freunden kann hier manches klären. Hinzu kommt die Gelegenheit, ihnen das eigene Wesen, die eigenen Wünsche und Bedürfnisse und die eigene Art und Weise, sich nonverbal mitzuteilen, verständlich zu machen, sowie das Vertrauen, den Mut und die Bereitschaft, füreinander da zu sein, zu stärken. Mut und Vertrauen werden nötig sein, da spätestens, wenn es dem Ende entgegengeht, wahrscheinlich keiner mehr in der Lage sein wird, auf das Verhalten der ihn Begleitenden zu reagieren oder gar einzuwirken, und wenn, dann vielleicht nur noch durch Gesten oder Mimik.

Ein noch tieferes Vertrauen als das in Mitmenschen ist das in bisherigen Nöten erprobte Vertrauen in Gottes Nähe und Liebe, d. h. nicht ins Bodenlose zu fallen sowie loslassen zu können und zu dürfen. Das Kreuz Jesu ist wie eine Tragbahre, die *die Person* in den Armen Christi durch das Sterben und den Tod zum Leben, zu *ihrem ureigenen* Leben in Gottes Gegenwart und Gemeinschaft, hindurch trägt.

Gibt es ein „würdiges Sterben"? Welche Bedeutung haben hierbei Verwandte, Freunde oder Pflegekräfte? Welche Auswirkungen hat die Begleitung Sterbender für die jeweils Anwesenden? Sterben ist kein intellektuelles, rationales Geschehen, das beherrscht werden könnte. Niemand weiß, was in den letzten Momenten im Bewusstsein des Sterbenden vor sich geht, das wird jeder erst dann wissen, wenn es ihn selbst betrifft. Aber es kann als ziemlich sicher angenommen werden, dass mit einem Schlafmittel in tödlicher Dosierung das Bewusstsein narkotisiert ist und der Prozess des Sterbens verhindert oder abgeschnitten wird.

Würde hat nichts damit zu tun, dass man das Ereignis feierlich zelebriert. Würde wird nicht „gestört", wenn der eigenen Not oder dem Nicht-Sterben-zu-wollen lautstark Ausdruck verliehen wird, denn das gehört auch in diese schwierige Phase. Nur ein Sterben in Einsamkeit ist nicht nur würdelos, sondern grausam.

Würdevoll zu sterben kann allein im Zusammenhang mit der sterbenden „Person" verstanden werden. Auch der Sterbende braucht die Beziehung zum anderen. Dadurch gewinnt die Begleitung des Sterbenden eine zentrale Bedeutung. Begleitung heißt, Zeit für den Sterbenden zu haben und bereit zu sein, sich auf ihn einzulassen und in seiner Nähe zu verweilen. Frühere Gespräche mit offenen Herzen füreinander sind Wegbereiter für ein gemeinsames Durchleben des Sterbens in vielleicht gelöster, friedlicher, einfühlsamer Atmosphäre, anstelle von stummer Befangenheit mit hilflosen Gesten, und führen hin zum stillen Dasein für den anderen. Gleichzeitig verwirklichen und vertiefen die Anwesenden das eigene Menschsein. Es entsteht der Raum, sich voneinander zu verabschieden, letzte Dinge zu klären oder zu vergeben; es eröffnet sich ein Raum für die Rückbesinnung, auch an die guten Zeiten: Das Leben vollendet sich. Eventuell kommen bisher unterdrückte Emotionen hoch, die durch Mitgefühl und Gleichmut der Anwesenden, dem Mut zum Ausgleichen, ins Gleichgewicht finden können. In aller Trauer liegt Frieden, indem man darin einwilligt, dass dieser Lebensweg auf Erden *sein* Ende findet oder sogar zu einem offenen Tor führt.

Andererseits kann ein Sterbender auch aggressiv werden, weil er nicht loslassen kann oder will. Außerdem ist es möglich, dass die Angehörigen dem Sterbeprozess entweder fassungslos folgen oder ihn sentimental bzw. kühl-distanziert oder aber in stummer Hilflosigkeit als ein peinliches Dahinsiechen erleben.

Was kann helfen, um mit dem Sterben besser umgehen zu können? An erster Stelle steht wohl die möglicherweise jahrzehntelang dauernde, vorbereitende Auseinandersetzung mit sich selbst, mit der eigenen Todesangst und mit der Frage nach tragenden Vorstellungen für diesen letzten Moment, in dem der Sterbende, auch wenn er von Menschen umgeben ist, vollkommen alleine sein wird.

Sterben und Tod sind wie das Leid Tabuthemen, die durch Gespräche in der Familie, im Freundeskreis, in kleinen Gesprächsgruppen, aber auch in der Schule oder als Teil der pädagogischen, medizinischen, pflegerischen und theologischen Ausbildung in die öffentliche Diskussion gebracht werden können.

Es gibt Seminare für Sterbebegleitung mit sachkompetenter Information, die nicht nur bereitwilligen Volontären sondern jedem Interessierten offenstehen, in denen eigene Fragen zu dem Thema durchdacht sowie mit Hilfe von Gruppenarbeit und in Gesprächen vertieft werden können.

Um in der Phase selbst als Betroffener oder als Angehöriger Unterstützung zu finden, kann es hilfreich sein, sich im Vorfeld zu informieren, Angebote der Begleitung oder Pflege kennenzulernen und zu wissen, an wen man sich wenden kann, wenn es nötig sein wird.

Palliativ Care setzt neue Akzente. Es sind eigentlich ursprünglich christlich-humanistische Vorstellungen, die durch dieses Konzept wiederbelebt werden. Der betroffene Mensch mit seinen physischen, psychischen, spirituellen, sozialen und kulturellen Bedürfnissen steht dabei im Mittelpunkt. Ein Netzwerk von Begleitern und Therapeuten trägt ihn schützend und unterstützend. Um ein humanes Sterben, das sich alle erhoffen, zu gewährleisten, wäre es empfehlenswert, diese Gesinnung, Haltung und Vorgehensweise auf das gesamte Gesundheitssystem zu übertragen. Dadurch würde auch manche kritische Entscheidung, z. B. in Bezug auf den Einsatz medizinischer Behandlungsmöglichkeiten, entschärft oder die Flucht in den assistierten Suizid unnötig werden.

5.3. Tod

„Mit jedem Menschen verschwindet … ein Geheimnis aus der Welt, das vermöge seiner besonderen Konstruktion nur *er* entdecken konnte und das nach ihm niemand wieder entdecken wird."[136] Der Tod ist unvermeidlich, elementar, und da er wie das Leben nicht nur eine biologische und zeitliche, sondern auch eine personale Dimension besitzt, ist er mehr als nur das physische Ende menschlichen Lebens. Zeugung und Tod, Geburt und Sterben liegen außerhalb menschlicher Verfügungsmacht. Es geschieht mit einem Menschen, zu einem bestimmten Zeitpunkt, meist ohne dessen Einwilligung, und ohne dass er sich dessen bewusst wird – oder?

Auch wenn der Tod den Lebenden grundsätzlich fremd bleibt, kann die Klärung verschiedener Aspekte hilfreich sein, um eine eigene Haltung dem Tod gegenüber zu finden.

---

[136] Hebbel 1978: 388.

5.3.1. Der Tod in der Geschichte

Wie ging man in früherer Zeit mit dem Tod um? Wurde damals der Weg für heutige Anschauungen gebahnt?

Das Menschenbild der Antike identifiziert neben physisch vergänglichen auch unsterbliche Anteile des Menschen. Es gibt unterschiedliche Vorstellungen darüber, wie Seele oder Geist weiterleben. Der Geist kann in einem zyklischen Kreislauf reinkarniert werden oder in einem Einzelwesen wie eine Welle innerhalb eines Gesamtlebensstromes auftauchen, um dann wieder darin zu verschwinden. Beide Male berührt der Tod weder das Wesen noch die Sinnhaftigkeit des einzelnen, der lediglich als geistige Transferstation dient. Oder aber der individuelle Geist eines Menschen lebt nach dem Tod in einer uns bislang unbekannten Form weiter, wobei nur in diesem Fall das irdische Handeln entscheidenden Einfluss auf das persönliche ewige Dasein haben kann. Bei Platon liegt der Sinn irdischer Existenz darin, durch Verzicht und Übung des Denkens Erfahrungen der Wirklichkeit mit dem Eigentlichen, das dahintersteht, in Einklang zu bringen. Durch den Tod kommt es zur befreiten Vervollkommnung der Beziehung zwischen dem Geist, verstanden als „Grundkraft persönlichen Daseins",[137] und der Idee, dem Guten. Anders Epikur, der sagt, dass der Mensch lebt, indem er wahrnimmt, dass er lebt. Folglich sollte er dieses Leben in vollen Zügen genießen, Seelenruhe erstreben und alles sie Störende ausklammern. Für das gegenwärtige Leben ist der Tod, der ohnehin nicht mehr bewusst erlebt wird, ohne jede Relevanz.

---

[137] Guardini 2013: 170.

Im Mittelalter ist der Tod ein alltägliches Phänomen. Durch Armut, begrenzten Wohnraum und Seuchen tritt er in unmittelbarer Nähe auf. Der Tod wird erwartet und als natürliches Ereignis hingenommen, auf das man sich durch ein moralisch gutes Leben vorbereiten kann. Daher ist nur der Gedanke an einen plötzlichen Tod mit Angst behaftet. Der Tod wird personifiziert, z. B. in Totentanzdarstellungen, als Warnung vor einem plötzlichen Tod, der ohne Rangunterschiede alle treffen wird, und als Mahnung zu einem frommen Leben. Der sich ausbreitende christliche Glaube lässt den Tod zu einem Übergang ins ewige Leben werden, das als Fortsetzung des irdischen Lebens gesehen wird, so dass durch den Tod ausgelöste existentielle Ängste hinfällig werden. Getrübt wird diese Sicht durch wirklichkeitsnahe Vorstellungen von Fegfeuer, Gericht und Hölle.

Ab der Renaissance und der Aufklärung gewinnt das Leben an Wertigkeit und rückt ins Zentrum der Betrachtung, der Tod wird dabei an das Lebensende verdrängt. Das Jenseits verliert an Bedeutung. Der Tod wird durch die Untersuchung der Leichname wissenschaftlich fassbarer. Sowohl die abnehmende Wertigkeit des geistlichen Beistandes als auch die Individualisierung des Todes – der Tod des anderen wird als Verlust empfunden –, als auch die schwindende Alltäglichkeit und Einbeziehung des Todes in das Leben, lassen die Angst vor dem Tod und das Unvermögen, ihr Ausdruck zu verleihen, wachsen. Der Tod wird ausgelagert, Friedhöfe werden nicht mehr in der Nähe der Kirche, sondern draußen vor der Stadt angelegt.

Bei Philosophen des 19. Jh. wird der Tod zum Nichts, er ist gleichbedeutend mit dem Nicht-Leben. Entweder spielt er keinerlei Rolle oder man tritt dafür ein, seinen Zeitpunkt selbst festzulegen. Die

Romantik verbrämt jeden Tod als schönen Tod, der von Mühsal und Kummer erlösen kann.

Das Judentum, der Islam und die frühen Christen sehen den Menschen als einheitliche Person aus Leib, Seele und Geist, die auch als solche stirbt. Der Tod ist Abschluss des irdischen Lebens, jedoch nicht das absolute Ende. Es gibt etwas danach, ein Paradies bzw. eine bleibende lebendige Verbundenheit mit JHWH, Gott oder Allah.

5.3.2. Gegenseitige Beeinflussung von Tod und Leben

Welchen Einfluss haben verschiedene Bilder vom Leben auf die Vorstellung vom Tod und die Haltung ihm gegenüber? Beeinflusst der Tod reziprok das aktuelle Leben, indem er die Lebensperspektive verändert, nicht nur dahingehend, dass man ihn als Ende des irdischen Lebens begreift, sondern auch indem diese Tatsache dazu anregt, sich vorzustellen, was mit einem nach dem Tod passieren könnte?

Die jeweilige Kultur und Erziehung, das soziale Umfeld und der Lebensstandard sowie die verschiedenen Lebens- und Todesvorstellungen, Hoffnungen und Visionen, was nach dem Tod sein könnte, beeinflussen das Leben und das Verhalten des einzelnen gegenüber dem eigenen Tod und dem der anderen. Wer nach dem Tod nichts mehr erwartet, sei es im Sinne von Epikur und dessen diesseitlicher Glückseligkeit, sei es im Sinne des Nihilismus oder Existenzialismus, der konzentriert sich auf sein individuelles Dasein mit dem Ziel, das Leben zu genießen oder sich selbst so stark wie möglich zu verwirklichen. Glaubt man aber an einen unsterblichen Teil im Menschen, kann das hiesige Leben seinen Sinn durch die Erwartung eines ewigen Lebens gewinnen. Diejenigen, die sich als Teil der Natur, als Energie, die nie verlorengeht, sehen oder an ihre Reinkarnation glauben, werden dem Tod gelassen entgegenblicken, da sie in anderer Form nutzbringend bleiben werden oder sogar die Chance bekommen, sich zu vervollkommnen. Wenn der Tod als unausweichliches Schicksal über dem ganzen Leben schwebt, bleibt, außer diese Tatsache resigniert hinzunehmen, einem nichts anderes übrig, als das Leben so lange wie möglich auszuschöpfen. Der Tod wird zu des Schlafes Bruder, in den man sich fallen lassen darf, wenn die Pflichten und Beschwernisse des Lebens die Oberhand gewonnen haben. Zu einer Erlösung wird der Tod dann, wenn zusätzlich ein ewiges Leben im Paradies zu erwarten ist. Wer in den Nachkommen oder in deren Gedächtnis weiterlebt, wer Geschichte lenkt, und wer irdische Sinnerfüllung findet, lebt im Heute aktiv, selbstbestimmt, zukunftsorientiert, verantwortungsvoll mit Blick auf die Nachkommenden, vielleicht auch rastlos und ergebnisorientiert. Der Tod ist in weiter Ferne wie eine Glaswand, gegen die man plötzlich stößt, oder aber etwas, dem man nüchtern entgegensieht. Mit vorheriger Planung des Todeszeitpunktes und einer angenehmen Todesart können Ängste, Unvorhersehbares oder Unannehmlichkeiten bewältigt bzw. vermieden werden.

5.3.3. Menschlicher Tod

Alle Menschen, alle Lebewesen auf Erden, auch Pflanzen sind vergänglich, nur der Mensch ist imstande, dem Tod bewusst gegenüberzutreten. Das Ende als solches ist nicht unbedingt schlimm. Das Vorher, das Loslassen müssen, eine dem Menschen innewohnende Sehnsucht nach Bleibendem oder auch die Angst vor etwas Ungewissem, die Vorstellung von Gruft, Kälte und Starre bereiten

Menschen Pein. Anders als beim Abschiednehmen ist der Tod einmalig, ohne Rückkehr nach Hause, ein Hinscheiden. Es tröstet nicht, dass alle davon betroffen sind. Fragen kommen auf: Was macht den menschlichen Tod in der Natur so einzigartig? Was ist mit dem, was *uns* ausmacht, also Selbstbewusstsein, Geist und Seele, was geschieht mit unserer Person? Wie sieht es mit unserer Geschichte aus, unserer Lebenserfahrung, unserer gelebten Zeit? Klare Antworten darauf haben wir nicht. Nur eins ist gewiss, dass jedes irdische Leben mit dem Tod durch Versagen von Lunge, Herz, Nieren, Leber und Gehirn beendet sein wird. Zelluntergänge, Krankheiten, Lebensabschnitte, Erschöpfung oder voneinander Abschied nehmen zu müssen sind Vorboten dieses endgültigen Ereignisses.

Die Erklärungsnot, dass außer den Forschungsergebnissen der Anatomie und Pathologie nichts darüber bekannt ist, was mit dem Menschen im Tod und über den Tod hinaus geschieht, lässt, um während der Lebenszeit damit umgehen zu können, Wunschträume und -vorstellungen wachsen oder man verdrängt das sichere Ende mit Jetztzeitlichkeit und Rationalität. Der Tod beschäftigt aber jeden, zumindest unterbewusst, er begleitet jeden wie ein Schatten. Er lässt nicht mit sich handeln. Er wird manchmal personifiziert, um eine Beziehung zu ihm zu ermöglichen; so bleibt er nicht der Fremde, wird aber dadurch auch noch nicht etwas Eigenes, etwas zu einem selbst Gehörendes.

Bei alledem, was Menschen umtreibt, kann, eines natürlichen, menschlichen Todes zu sterben, schlichtweg bedeuten, das Leben enden zu lassen, aber nicht zu verenden – dass der Schluss zu dem individuellem, persönlichen Leben als „Voll-Endung"[138] gehört.

---

[138] Guardini 2001: 62.

5.3.4. Der Tod an sich

Welche Haltung hat der Tod zu den Menschen? Nimmt er überhaupt eine Haltung ein? Hat der Tod einen Sinn?

Eine Antwort darauf gibt der Tod nicht. Er ist stumm. Er ist weder erkennbar noch fassbar. Der Tod hat keine Haltung, kein Verhältnis zu den Menschen. Die meisten halten ihn für sinnlos. Gibt es im menschlichen Leben indirekte Hinweise dafür, was das Wesen des Todes sein könnte?

Das Leben zeigt, dass es neben materiellen Prozessen auch andere Ebenen gibt: ein Seelen- und Geistesleben. Wonach sehnen wir uns? Wir stellen die Frage nach dem Sinn unseres Lebens, die Frage nach unserer Bedeutung im geschichtlichen Zusammenhang oder die Frage, was nach uns passieren wird. Diese Fragen erhalten durch den Tod ein besonderes Gewicht. Wir stellen uns auch die Frage, warum wir Todesangst haben. Den Tod empfinden wir als Infragestellung bzw. als direkte Bedrohung unseres Daseins.

Außer dem Leben selbst eröffnet die Fähigkeit des Menschen zu transzendieren Horizonte, über sich und eigene Möglichkeiten hinaus zu denken, sich den Tod und sein Wesen vor- und ihn kreativ darzustellen. Aber wir sind außerstande, das eigentliche Wesen des Todes zu erfassen.

5.3.5. Der Tod des Anderen

Bis zum Ende des 19. Jahrhunderts wurde im Beisein von anderen gestorben, man war üblicherweise zu diesem Zeitpunkt nie allein. Die trauernde Familie wurde weiterhin besucht, begleitet und unterstützt, bis wieder der Alltag eingezogen war. Der Tod bleibt heute überwiegend Privatsache, obwohl andere stets mitbetroffen sind. Früher war es üblich, miteinander zu klagen. Stärkere Gefühlsausbrüche in der Gegenwart anderer Menschen nach dem Tod eines Angehörigen oder eines Freundes sind heute eher ungewöhnlich.

Der Tod strahlt Ruhe oder Starre aus. Schweigen kann ebenfalls ein Erstarren sein. Schweigen kann aber auch ein Ausdruck des Mit-Schweigens sein, der Teilnahme an der Stille und an der Trauer des anderen, der Achtung vor der Unausweichlichkeit des Todes, des Zugebens, dass Worte manchmal unzureichend sind, um die Situation zu erfassen. Totenwache zu halten, kann den Trauernden manches klarer bewusst werden lassen. Sie kann Raum geben, sich zu sammeln, sich noch einmal auf die verstorbene Person und auf das Wesentliche des Augenblicks zu konzentrieren, Gott Raum zu geben. Solche Momente können als würdevoll empfunden und dem Ereignis gerecht werden, indem dem Tod sein Platz im Leben des verstorbenen Menschen einge*räumt* wird.

5.3.6. Der Tod in der Neuzeit

Welche Haltung und Anschauungen dem Tod gegenüber charakterisieren die heutige Zeit?

Der Tod ist manchmal ein erwünschtes, meist aber ein überraschendes, zufälliges oder befürchtetes Ereignis, das existentielle Angst verursachen kann, da die beruhigend-gewohnte Betriebsamkeit unterbrochen wird und die Frage quälend sein kann, was denn dann mit einem selbst passieren wird, wenn man tot ist. Oder der Tod wird hingenommen, tabuisiert oder organisiert. Alle oben erwähnten Ansichten sind vertreten. Bei den meisten ist die Einmaligkeit und Selbstbetroffenheit und damit ein „verbindlicher Aspekt der eigenen Identität"[139] verloren gegangen. Manche halten es für ein erstrebenswertes, phantasieanregendes Ziel, durch wissenschaftliche Möglichkeiten den Tod zu besiegen.

Der Tod ist zunehmend nicht mehr ein Gemeinschaftsereignis, wie es noch in ländlichen Gegenden erlebt werden kann. Sterben und Tod werden sozial ausgegrenzt. Auch der Tod hat sich individualisiert und ist verstummt, d. h. er regt Menschen nicht mehr dazu an, sich zu ihm zu äußern oder sich ihm gegenüber zu verhalten, sie nehmen Abstand von ihm, was manchmal so weit geht, dass der Tod der anderen für sie belanglos wird.

Zeiten und Raum für Trauer existieren fast nicht mehr, diese wird verschämt versteckt, der Alltag geht äußerlich unberührt weiter. Der Toten wird nicht mehr am Grab gedacht, sondern zuhause in der Erinnerung. Friedhöfe verlieren an Bedeutung. Der Bezug auf Übernatürliches schwindet, die meisten Menschen leben auf sich selbst und auf ihre Wirklichkeit konzentriert. Das Individuum entscheidet für sich, wie es leben und sterben will. Fragen darüber hinaus werden entweder als ermüdend, lästig oder irrelevant empfunden.

5.3.7. Christus und der Tod

Wie ist Jesus dem Tod entgegengegangen, wie ist er gestorben, was ist mit ihm nach dem Tod geschehen? Welche Bedeutung haben er, sein Tod, seine Auferstehung und die Himmelfahrt für die Menschen und ihre Sicht auf den Tod bzw. das Leben?

---

[139] Jüngel 1973: 49.

Jesus ist bewusst und gezielt nach Jerusalem gegangen, wissend, dass er sich damit in Lebensgefahr begibt. Kurz vor seiner Gefangennahme ringt er damit, den Weg des Leidens und Sterbens zu akzeptieren, sowohl die Tatsache als auch die Art und Weise. Er weiß, dass es so, wie es kommen wird, Gottes Wille ist und macht Gottes Willen zu seinem eigenen Willen. Im Sterben am Kreuz kümmert er sich um seine Liebsten, Maria und Johannes, und fordert sie auf, sich in Zukunft umeinander zu kümmern. Er reagiert auf einen der zwei Mitgekreuzigten und tröstet ihn mit dem Ausblick auf den direkten Übergang „heute" in das ewige Leben. Zu dem Hohn des anderen schweigt er. Er bittet um Vergebung für jene, die ihn peinigen. Er durchleidet den ganzen Sterbensprozess, dürstend und einsam bis hin zu dem Ruf: Es ist vollbracht. Nach drei Tagen ist er auferstanden und erscheint wiederholt seinen Jüngern und den Frauen. Er hat eine leibliche Gestalt, Thomas z. B. kann ihn anfassen, und er wird, manches Mal nicht sofort, von ihnen an seinen Gesten, durch sein Reden, beim Essen und Trinken als ihr „Herr" wiedererkannt. Er ist trotz verbliebener physischer Merkmale und unverändertem Wesen anders. Verschlossene Türen sind für ihn kein Hindernis, der Raum ist keine Begrenzung für ihn. Jesus verabschiedet sich von seinen Jüngern und gibt ihnen einen konkreten Auftrag, bevor er in Gottes trinitarische Gemeinschaft, nun auch als Mensch, zurückkehrt.[140] Der Geist Gottes wird den Jüngern und denen, die in Zukunft an Jesus glauben werden, verheißen.

---

[140] Hebr. 4, 14–16, Guardini 1998: 27+124 f.

Der Mensch sollte ursprünglich nach Gottes Willen nicht sterben.[141] Gott hat den Tod nicht gemacht.[142] Tod ist nichts Naturhaftes, sondern geschichtlich, nicht „selbstverständlich oder wesensnotwendig"[143], d. h. er kommt nicht aus einer inneren Notwendigkeit des menschlichen Daseins heraus und ist „kein Bestandteil seines Wesens, sondern die Folge einer Tat"[144]. Der Mensch spürt, dass der Tod „nicht in Ordnung sei"[145]. Tod wird als „Feind" bezeichnet, der letzte, der vernichtet werden wird.[146] Er ist die Konsequenz der menschlichen autonomen Abgrenzung weg von Gott. Nach dem Sündenfall wurde es ausgesprochen, dass Menschen wieder zu Erde werden.[147] Der Tod bedeutet nicht nur, dass das physische Leben zu Ende ist, sondern er ist ein Zustand ohne Gott. Jesus redet von einem Ort, an dem Gott nicht anwesend ist und diese Gottverlassenheit bewusst und endlos erlitten wird.[148] Er selbst ist stellvertretend für alle Menschen durch diesen Zustand, diese Erfahrung gegangen, er erträgt die „entfremdete Verhältnislosigkeit des Todes"[149], das verlorene Verhältnis zu Gott und zu sich selbst. Mit seiner Auferstehung wird sein Tod der „Tod des Todes"[150].

Im Tod als Gottverlassenheit und Verhältnislosigkeit ist die „Person" nicht mehr *gegenwärtig*. Es gibt nur einen, der den Menschen

---

[141] Vgl. Guardini 1998: 12.
[142] Weisheit 1, 12 ff.
[143] Guardini 1998: 19.
[144] Guardini 1998: 20.
[145] Guardini 1998: 24.
[146] 1. Korinther 15, 26.
[147] 1. Mose 3, 19.
[148] Matthäus 25, 31–46, Matthäus 13, 49 f.
[149] Jüngel 1973: 139.
[150] Jüngel 1973: 147.

aus diesem Zustand retten kann, und das ist Gott. Er bindet die Rettung der Menschen an das Aufsehen zu Jesus, so wie die Juden die eherne Schlange anschauen mussten, um nicht von den echten getötet zu werden.[151] Dieses Aufsehen zu Jesus setzt das Vertrauen voraus, dass er uns zum Leben hindurchtragen kann, dass er uns durch seine stellvertretend für *alle* Menschen erlittene Gottverlassenheit mitnimmt zum neuen Leben der Auferstandenen. Nur wenn wir in unserem Leben an Jesu Tod teilhaben, kann seine Auferstehung Hoffnung für uns und unsere Auferstehung werden.[152] Dann ist der Tod, auch der physische Tod, keine Gefahr mehr für das Leben.[153]

Was heißt das nun? Jeder Mensch muss sich seiner eigenen Sterblichkeit stellen, sie sich bewusst machen, ihre Unabwendbarkeit akzeptieren oder tut dies eben nicht. Andere Menschen können ihm diese Tatsache und Erfahrung nicht abnehmen. Es ist vorstellbar, dass Gott den Sterbenden mit seiner Liebe umgibt,[154] dass die Quelle des Lebens *ihn* weiterhin belebt, d. h. dass die Beziehung zwischen Gott und der individuellen ganzheitlichen *Person* mitsamt all ihren irdischen Erlebnissen nicht unterbrochen wird. „Gott erkennt ihn zu dem, was er ewig sein soll; hebt ihn liebend hinein in seine ewige Lebendigkeit."[155] „Er ist vom Tode zum Leben hindurchgedrungen."[156] Und das alleine durch, mit und in Jesus Christus, der den Tod zu einem Übergang gemacht hat. Würde im Sterben und im Tod ist demnach nicht nur durch die Umstände,

---

[151] 4. Mose 21, 8.
[152] Römer 6, 3–11.
[153] Vgl. Jüngel 1973: 108.
[154] Römer 8, 38 f.
[155] Guardini 1993: 106.
[156] Johannes 5, 24.

durch Äußerlichkeiten oder durch Riten gegeben, sondern vor allem durch die Präsenz Jesu. Durch ihn ist es möglich, die ganze Härte des Todes anzuerkennen. Er gibt der Situation eine unersetzbare Würde, indem er den „Kristall"[157] der Person, unsere Identität als Person, zur leuchtenden Vollendung bringt.

Gott ist ein Gott der Lebenden,[158] nicht der Toten. Das bedeutet, dass *wir* im Tod aufgefangen werden, wir dürfen *uns* sterbend in Gottes Liebe fallen lassen in einem vertrauensvollen Wagnis. Das Leben in der uns neuen Wirklichkeit ist keine Notwendigkeit des menschlichen Wesens, sondern Gottes freie schöpferische Tat.[159]

Der Mensch kann versuchen, seine Sterblichkeit alleine zu meistern oder zusammen mit dem, der versprochen hat, im finsteren Tal bei ihm zu sein und ihn hindurch zu führen.[160] Hindurch aber wohin? Jesus spricht von seines Vaters Haus, in dem viele Wohnungen sind.[161] Zuhause zu sein ist bereits im hiesigen Leben das, was uns Geborgenheit schenkt. Es ist ein konkreter Ort, der nicht räumlich sondern nur personal zuzuordnen ist. Daher ist nicht die Frage wichtig, wo das Paradies räumlich liegt, sondern bei und mit wem wir sein werden.[162] Gott ist das Ziel unserer Sehnsucht, und wir sind das Ziel seiner Sehnsucht.[163] *Gegenwärtige Teilhabe an der*

---

[157] Mündl. F. Caminada 2019.
[158] Lukas 20, 38.
[159] Vgl. Guardini 1998: 31.
[160] Psalm 23, 4.
[161] Johannes 14, 1–3.
[162] 1. Johannes 3, 2.
[163] Lukas 15, 11–32.

trinitarischen Liebe – das ist das Ziel, an dem wir ankommen werden und an dem wir bereits im irdischen Leben wie „durch einen Spiegel"[164] teilnehmen.

Diese Perspektive ist eine völlig andere als die heutzutage übliche. Sie ist nicht nur eine Beigabe zur spirituellen Befriedigung und ein Trostpflaster für schwierige Situationen, sondern sie verändert das Leben im Hier und Jetzt. Diese „frohe Botschaft" als Erfüllung der tiefsten menschlichen Sehnsucht nach vollkommenem und gegenwärtigem Leben betrifft jeden persönlich, von der Geburt an bis zur Rückkehr ins Paradies.[165]

5.4. Konsequenzen

Der Tod ist keine Alternative zum Leben. Ein Recht hat der Mensch nur auf sein Leben und sein Sterben, nicht aber auf seinen Tod.[166] Diese beiden Aussagen werden heutzutage nicht mehr allgemein verstanden oder akzeptiert. Und doch „muss der Tod genau darauf reduziert werden: auf jene Grenze, die kein Mensch setzen darf, weil kein Mensch sie aufheben kann. Tod soll sein und muss werden, was Jesus Christus aus ihm gemacht hat: die Begrenzung des Menschen durch Gott allein".[167] Ja, der Tod muss wieder seinen rechten Platz im Leben des einzelnen und in der Gesellschaft haben – als Grenze, die gegeben ist und nicht gesetzt wird, die zum Leben gehört und der Qualität des Lebens Tiefe verleiht, indem er den Bezug auf das, was hinter dem Leben steht, wiederherstellt.

---

[164] 1. Korinther 13, 12.
[165] EG 27, 6.
[166] Vgl. Demmer 2000: 179.
[167] Jüngel in Bovet 1979: 124.

Tod ist demnach keine Alternative zum Leben, sondern gestaltender Bestandteil des Lebens und ein Grenzstein zwischen zwei Äonen.

Menschliches Recht ist auf menschliches Leben beschränkt, aber nicht damit Menschen darüber verfügen dürfen, sondern um es zu schützen. Ein Rechtsanspruch auf Selbsttötung ist aus biblischer Sicht menschliche Anmaßung.

Wie also kann man mit der Angst vor unerträglichem Leid oder Tod umgehen? Wie können durch Beziehungen mit anderen Wege geebnet und eröffnet werden? Als Zusammenfassung der o. g. Ausführungen ergeben sich folgende Impulse: Mobilisierung innerer und äußerer Kräfte – Mut – Kommunikation – ganzheitliches Zulassen – soziales Netzwerk – Vertrauen – Hoffnung – Transzendenz.

Ein vorbereitender Weg ist das Nachdenken über das Leben, indem man ein eigenes „Lebensgebäude" erstellt: „Ursprungsfamilie" – „Lebensphasen" – „Krisen und Übergänge" – „Vergänglichkeit, Ängste" – „Lebenswerte" – „Menschenbild und Gottesbild" – „Kraftquellen".[168]

Es ist nötig, die Schattenseiten des Lebens zu enttabuisieren, z. B. indem man sich Zeit zum Nachdenken und zu Gesprächen mit anderen dafür nimmt, indem diese Themen während der Ausbildung

---

[168] Iberg, M. 2018/2019.

in verschiedenen Fachbereichen und unter verschiedenen Aspekten behandelt werden, indem Medien dabei mitwirken, ohne sich an Einschaltquoten und emotionalem Doping zu orientieren.

Inwieweit wird durch die Begriffe „assistiert, sterbehelfend, selbstbestimmt und würdevoll" eine nackte Tatsache, der Suizid, verbrämt und verschleiert und damit die Perspektive verdreht, um zu diesem Schritt zu motivieren oder ihn zu rechtfertigen?

Inwieweit werden „Hintergedanken" und Fragen zu Leid und Tod über den eigenen Horizont hinaus zugelassen?

6. Medizin und Technik

6.1. Konflikt

Wissenschaftliche und technische Fortschritte in der Medizin optimieren Behandlungen, verbessern Lebensbedingungen und erhöhen die durchschnittliche Lebenserwartung. Fortschritt ist nach wie vor eine Zielvorstellung, doch wird es immer schwieriger, die damit verbundenen Risiken vorherzusehen, was auch bedeutet, dass ethische Grenzen unschärfer werden. Die Spezialisierung auf dem Gebiet der Medizin hat zugenommen, ebenso die Komplexität medizinischer Behandlungen. Diagnosewege und Therapien werden in Behandlungspfaden und Leitlinien standardisiert. Apparativen Untersuchungen wird gegenüber der früher üblichen und inzwischen fast verlernten Kunst der körperlichen Untersuchung oft der Vorrang eingeräumt. Die Krankheitsursachen werden im somatischen Bereich statt ganzheitlich gesucht mit der Folge, dass oft nur die Symptome einer Krankheit behandelt werden. Die finanziellen Ressourcen sind aufgrund der teuren Apparaturen und medikamentösen Spezialbehandlungen in eine Schieflage geraten. Der Gesundheitsapparat ist größtenteils ökonomisiert. Nicht nur Klinikdirektoren sind Betriebswirtschaftler, sondern auch bei Chefarztanwärtern wird mitunter ein Master in BWL vorausgesetzt. Wirtschaftlichkeitsprüfungen im Gesundheitsbereich unterminieren den zeitaufwändigen zwischenmenschlichen Kontakt zwischen Patienten und Therapeuten. Dokumentation, Fallzahlen, Arbeitsgruppen, Zeit- und Qualitätsmanagement haben ihre Berechtigung, doch es stellt sich die Frage, ob das Gleichgewicht noch stimmt, geht dies doch in der Regel auf Kosten der Zeit, die für Fürsorge, individuelle Kenntnis des Falls und Behandlung des einzelnen benötigt werden. Patienten werden zu „Kunden", ihr Vertrauensverhältnis zum Arzt wird zur Dienstleistung, die an ihnen erbracht wird. Der Patient als „Person" geht verloren in seiner Einmaligkeit, Freiheit, Würde und Eigenverantwortlichkeit, auch wenn die Patientenautonomie subjektiv und rechtlich an Wertigkeit zunimmt. Bedürfnisse, die Pflegepersonen und Therapeuten haben, z. B. Zeit für den Patienten, Gespräche miteinander oder Orientierungshilfen, werden oft vernachlässigt.

Der Ablauf im Betrieb, auch in den Praxen, ist vorgegeben. Ein Weg, die Struktur den Bedürfnissen des Personals und des Patienten jeweils anzupassen, wäre, die Schwerpunkte anders zu setzen. Es gibt bereits zahlreiche Initiativen: fachübergreifende Gruppenpraxen, die Gestaltung mancher Krankenstationen, die Einbeziehung von Freiwilligen in den Besuchs- und Unterhaltungsdienst, Palliative Care oder die Vernetzung der verschiedenen Gruppierungen in der häuslichen Pflege. Meist geht die Initiative regional begrenzt von Einzelpersonen oder -gruppen aus, was für eine adäquate Versorgung vor Ort auch vorteilhaft sein kann, allerdings wäre es zusätzlich notwendig, solche Konzepte auf Kantons- bzw. Landes- und Bundesebene zu koordinieren sowie neue Konzepte zu entwickeln, die eventuell strukturelle Veränderungen benötigen, um den Bedürfnissen der jeweiligen Personengruppen gerecht zu werden.

Wie werden Krankheit und Gesundheit in der Schulmedizin und in der Gesellschaft interpretiert? Wie oft wird „Krankheit" nicht nur als physisches Ungleichgewicht, sondern auch als Defekt, Ausfall oder Verlust der eigenen Würde gesehen? Zeit zum Kranksein gibt es kaum mehr, ebenso wenig wie die Auffassung, der Krankheit ihren Lauf zu lassen, sie zu verarbeiten und regenerieren zu dürfen. Therapie ist gleichbedeutend mit Gesundmachen geworden, indem die Krankheit beseitigt wird. „Gesundheit" ist jedoch ein Gut, das nicht nur das körperliche, sondern auch das geistige, seelische, soziale, ökonomische und kulturelle Wohlbefinden umfasst. Weder der Kranke noch der behandelnde Arzt beachten zu wenig, was der Betroffen in seiner Situation empfindet und welche Gedanken ihm durch den Kopf gehen, wie stark er durch die Krankheit in seinem sozialen Umfeld belastet ist und auch wie der einzelne mit sich selbst umgeht. Sich selbst annehmen zu können, ist der Beginn echter Gesundheit.[169]

6.2. Fragen

Fortschritt hat nicht nur positive Auswirkungen, sondern kann auch in ethische Dilemmata führen. Es fällt manchmal schwer, dem Einsatz neuester Erkenntnisse oder technischer Möglichkeiten Grenzen zu setzen.

Wann ist Leben noch Leben oder nur noch ein Dahinvegetieren? Welche eventuell lebensverkürzenden Nebenwirkungen von Medikamenten dürfen in Kauf genommen werden? Sollten Apparate immer eingesetzt werden oder wann sollte darauf verzichtet werden? Wann darf und sollte der Einsatz technischer Unterstützung abgebrochen werden? Wer ist in der Lage und hat das Recht dazu, eine solche Entscheidung zu treffen? Wann ist „der Begriff des

---

[169] Vgl. Guardini Bd. 2. 1997: 970 ff.

Heilens in Gefahr, der Absurdität des Selbstwiderspruchs zu verfallen"[170]?

Was ist im Einzelfall sinnvoll, was ist notwendig, sowohl aus Patientensicht als auch aus therapeutischer und ökonomischer Sicht?

In welchen Situationen geraten bisher geltende ethische Grundlagen in die Gefahr, unbemerkt und unkontrolliert ignoriert zu werden?

Bekommt der Betroffene in seiner speziellen Situation ausreichend Zeit, Verständnis und wiederholte Erklärungen, damit er Vertrauen in die vorgeschlagene Behandlung und zu seinem behandelnden Arzt entwickeln und tatsächlich mitreden und mitentscheiden kann? Bekommt er in ausreichendem Maße, auf verständliche Weise und zum rechten Zeitpunkt alle Informationen über mögliche Konsequenzen der von ihm gewünschten Behandlung oder Nichtbehandlung sowie über vorhandene Behandlungsalternativen und Unterstützungsmöglichkeiten?
Lässt sich der Betroffene, auch wenn er der eigentliche Mittelpunkt ist bzw. sein sollte, in die Behandlung einbinden? Wo sind die Grenzen der Autonomie oder der Anspruchshaltung des Betroffenen? Lässt der Betroffene andere Vorschläge als seine eigenen Vorstellungen zu?

Wie kann Teamarbeit flächendeckend realisiert werden, personell, finanziell und strukturell? Wie können Kommunikation und Kooperation verbessert und effizienter werden? Ist der bürokratische

---

[170] Thielicke Bd. 2, 1. Teil 1986: 233.

Aufwand verhältnismäßig? Welches Pflegekonzept sollte generell umgesetzt werden – „zweckrationale Funktionspflege" oder „personenzentrierte", „beziehungsorientierte Pflege"[171]?

Wie kann eine solide finanzielle Grundlage geschaffen werden, so dass sowohl die notwendigen Forschungsmittel bereitgestellt, als auch die Bedürfnisse der Kranken und ihrer Angehörigen und die Forderungen z. B. der Krankenhäuser und Krankenkassen befriedigt werden?

6.3. Therapeuten und Pflegepersonen

<u>Empfehlungen</u>
Um bei Entscheidungen in ethisch kritischen Situationen zu helfen und Lösungen zu finden, geben die WHO, die Schweizerische Akademie der Medizinischen Wissenschaften, Ärztegesellschaften und Kirchen Stellungnahmen ab, die jedoch wegen der Komplexität der Einzelsituationen oft nur der allgemeinen Orientierung dienen können und wesentliche Aspekte unbeachtet lassen, wie z. B. das rechtliche Risiko. Einige von ihnen seien beispielhaft erwähnt:

Lebensschutz steht vor dem Gebot zu helfen und ist der Entscheidungsfreiheit des Arztes (und auch des Patienten? Anm. d. Verf.) immer vorgeordnet.[172]

---

[171]Staudacher 2019: 46.
[172] Vgl. SAMW 2004: 28.

Im Hastings-Report werden Ziele der Medizin definiert: kurative und pflegende Medizin unter *Einbeziehung des Umfeldes*, *Verhinderung des vorzeitigen Todes* und die Ermöglichung eines friedvollen Todes, Unterstützung bei der *Sinnfindung* sowie die Bedeutsamkeit der einfühlsamen *Begleitung* bei der Behandlung von körperlichen bzw. seelischen Schmerzen und Leiden.[173]

In der Stellungnahme der Deutschen Gesellschaft für Chirurgie wird – neben der ärztlichen Sterbebegleitung, die meist ausreichend geeignete Maßnahmen umfasse, um schwerstes Leiden zu mindern – für eine mögliche Therapiebegrenzung bzw. ein Therapieverzicht plädiert, wie z. B. den Verzicht auf Reanimation in definierten Situationen bzw. das Beenden der künstlichen Ernährung oder sogar der Beatmung auf Wunsch des Patienten im Rahmen einer „vom Patienten abgelehnten Therapie"[174].

Palliative Sedierung, d. h. der Einsatz von „Narkotika" in „Ermangelung anderer effizienter Mittel bei einer entsprechenden ernsten medizinischen Indikation"[175], wurde bereits von Papst Pius XII 1957 empfohlen.

Der 9. Deutsche Ärztetag im Jahr 1996 betont die ethische Unabhängigkeit der Ärzte von *Zeitgeist und von staatlichen Eingriffen*.[176]

---

[173] Vgl. SAMW 2004: 30.
[174] Holderegger 2000: 383.
[175] Holderegger 2000: 414.
[176] Vgl. Wiesing 2000: 23.

Herausforderungen

Welche Situationen fordern Therapeuten und Pflegepersonen heraus, wo lauern Überforderungen, welche eingefahrene Denkmuster und welche strukturellen Gegebenheiten müssten verändert werden?

Ausbildungs- und Weiterbildungsinhalte medizinischer Berufe berücksichtigen trotz inzwischen integrierter Palliativmedizin unzureichend ethische Fragestellungen, die Persönlichkeitsentwicklung der zukünftigen Ärzte und Pflegefachkräfte sowie die Vermittlung der Grundlagen für eine gelingende Kommunikation miteinander. Es liegt bislang im privaten Ermessen und Interesse jedes einzelnen, inwieweit er sich damit befasst. Eine ethische, psychologische oder spirituelle Basiskompetenz ist generell kaum zu finden. Folgerichtig wäre neben einer adäquaten Ausbildung eine regelmäßige berufsbegleitende Supervision.

Nicht nur Ärzte, auch stationäre und ambulante Pflegedienste legen den Schwerpunkt zunehmend auf wissenschaftliche Professionalisierung. Durch Spezialisierung und die Schwerpunktverlagerung auf Somatisches geht allerdings der Blick für den ganzen Menschen verloren. Ganzheitlichkeit bedarf u. a. einer zeitaufwändigen Beschäftigung mit dem Betroffenen, der Kenntnis seiner persönlichen und seiner Krankengeschichte sowie der Einbeziehung seines sozialen Umfeldes. Zunehmend werden Telemedizin und telefonische Konsultationen genutzt, die den direkten Patientenkontakt zusätzlich reduzieren. Doch bleiben eine persönliche Begegnung und Beziehung mit dem daraus erwachsenden Vertrauen Voraussetzung für jeden ganzheitlichen Therapieerfolg.

Das Ziel, spezialisiertes Wissen allen Ärzten gleichermaßen zugänglich zu machen, veranlasst die Fachgesellschaften, Leitlinien und Behandlungspfade auszuarbeiten, die hilfreich sein können. Doch sind sie auch ein typisches Merkmal der symptomzentrierten und rechtlich anfechtbaren Medizin. Sie verleiten Behandelnde, schematisch vorzugehen, was mit dem erhöhten Risiko einhergeht, individuell Wesentliches des Patienten zu übersehen. Sie verlagern die eigene Verantwortung auf Fremde, d. h. auf diejenigen, die die Leitlinien ausgearbeitet haben, und dienen der Absicherung. Intuition und der Mut, Verantwortung zu übernehmen, schwinden.

Wie kann es zu einer Entscheidungsfindung gerade in ethisch komplexen Situationen kommen, in die alle Betroffenen mit einbezogen sind, ohne dass einzelne überfordert werden oder paternalistisch über den Kopf des anderen hinweg entschieden wird? Was wäre dafür notwendig? Wie kann dafür gesorgt werden, dass *alle* Möglichkeiten bedacht werden und nicht dem Zufall überlassen bleiben? Inwieweit finden Therapeuten in Situationen, die ihr Fachwissen übersteigen, flächendeckend Unterstützung z. B. durch theologische oder juristische Fachpersonen?
Voraussetzung für Lösungen in dieser Hinsicht wäre die *strukturelle* Zusammenarbeit zwischen allen, die mit dem Patienten zu tun haben, einschließlich der Angehörigen. Der Patient als „Person" und nicht seine Krankheit stünde im Mittelpunkt. Der Arzt würde Teil des Teams sein, eventuell als moderierender Organisator, der sich auf seine fachliche und menschliche Kompetenz konzentriert. Für soziale, spirituelle, juristische, ethische und andere Belange würden qualifizierte Mitarbeiter zur Verfügung stehen. Das setzt jedoch persönliches Engagement aller Beteiligten und deren regel-

mäßige Kommunikation untereinander auf kurzem, z. B. elektronischem Wege, sowie eine Anpassung der finanziellen Konzepte in der Gesundheitsversorgung voraus.

Wo sind Grenzziehungen notwendig? Durch wen sollen Grenzen gesetzt werden? Wer ist dazu berechtigt? Welche Beweggründe sollen gelten dürfen? Meistens wird nach der Feststellung der Diagnose zur Debatte stehen, mit welcher Behandlung begonnen und in welchem Umfang sie durchgeführt werden soll. Hier wird manchmal die erste Grenze gezogen, indem eine bestimmte Therapie gar nicht erst begonnen wird. Ein solcher Therapieverzicht kann vom Patienten ausgehen, weil er vielleicht die ihm mitgeteilten Nebenwirkungen nicht ertragen will und eine eventuelle Verkürzung seines Lebens bevorzugt, indem er der Krankheit ihren Lauf lässt. Wenn nun aber der Wunsch des Patienten in einem Therapieabbruch oder in der Nahrungsverweigerung i. S. eines Sterbefastens[177] besteht, um damit sein Leiden und Leben zu *beenden*, stellt sich die Frage, wer die Entscheidung zu einem solchen Schritt treffen darf und warum. Der Wunsch des Patienten bedarf einer sorgfältigen Analyse, z. B. der dahinter stehenden Ängste, der Sorgen um Angehörige usw. Üblicherweise ist der Wunsch des Betroffenen maßgeblich. Aber reicht dieser als ethische Grundlage aus, und inwieweit entlastet er die Behandelnden in ihrer Verantwortung?

---

[177] Sterbefasten ist der bewusste Entschluss eines Menschen, keine Nahrung und manchmal auch keine Flüssigkeit mehr zu sich zu nehmen, um den Tod herbeizuführen, im Unterschied zu greisen oder kranken Menschen, die im Verlauf des Sterbeprozesses keinen Hunger oder Durst mehr spüren.

Wie steht es mit den Ärzten, die Beihilfe zum Suizid aus Überzeugung leisten wollen? Das Dilemma ist, dass sie kraft ihres Berufes zur Heilung und Lebenserhaltung bis zum Lebensende des Patienten verpflichtet sind. Wenn Ärzte sich zur Beihilfe zum Suizid entscheiden, wollen sie den Betroffenen vom Leiden erlösen. Welches Bild von Krankheit, von Leiden, vom Leben, vom Menschen und von sich selbst steht dahinter?

Durch eine patientenzentrierte Sicht, in der jede Situation *einzeln* betrachtet wird, können versteckte Probleme klarer erkennbar werden. Nicht die Möglichkeiten der Technik, nicht die Frage, ob eine Behandlung kostengünstiger ist als eine andere, nicht die Wünsche und Vorstellungen der Angehörigen, der Behandelnden und Pflegenden, sondern der in ausführlich analysierenden Gesprächen ermittelte Wunsch des Betroffenen und dessen Wohlergehen, soweit es ermöglicht werden kann, steht im ethisch umgrenzten Mittelpunkt. Mögliche Entscheidungen, die getroffen werden müssen, treten dann klarer zutage, auch wenn sie dadurch nicht leichter fallen: Soll ein Patient künstlich ernährt, eine Schmerzbehandlung eingeleitet, eine bestimmte Behandlung begonnen oder fortgeführt, oder eine palliativ zeitlich begrenzte, wohldosierte Sedierung unter Fortführung der Hydrierung durchgeführt werden? Grenzsituationen bleiben bestehen, Leid bleibt manchmal trotz aller Palliativmaßnahmen unbeherrschbar. Aber der betroffene Mensch wird in seiner Situation nie alleine gelassen. Unter dieser Voraussetzung könnten klar gezogene Grenzen, so z. B. den assistierten Suizid bereits gedanklich als Option auszuschließen, bei dem Kranken ungeahnte Kräfte wecken.

6.4. Betroffene

Selbstbestimmung und Entscheidungshoheit des Betroffenen haben an Bedeutung zugenommen. Etwas über den Kopf eines anderen hinweg zu entscheiden, wenn auch in guter Absicht, ist inzwischen verpönt, doch geschieht dies, manchmal unbewusst, nach wie vor.

Aus der Furcht heraus, dass in einem Zustand der Wehrlosigkeit unerwünschte Behandlungen erfolgen könnten, ist die Patientenverfügung entstanden. Sie dient der Absicherung des Betroffenen und auch des Behandelnden. Sie gilt auch dann, wenn die Angehörigen mit dieser Verfügung nicht einverstanden sind, oder sie hilft, falls mehrere Behandlungsoptionen in Frage kommen, die beste Entscheidung zu finden. Wie alles Formelle haben Patientenverfügungen jedoch auch ihre problematischen Seiten. Sie sind ebenso wenig wie Behandlungspfade *auto*player, die die Verantwortung der Behandelnden verringern oder stereotyp Verhaltensweisen vorgeben bzw. verbieten. Zu bedenken ist, dass Patientenverfügungen in „guten Zeiten" verfasst werden. Niemand kann jedoch zukünftige Lebenssituationen voraussehen. Das gilt besonders für solche, in denen man schwer erkrankt oder dem Tode nahe ist. Unter Umständen empfindet und beurteilt man dann die Situation völlig anders und entwickelt Kraftreserven, die zu einer konträren Haltung führen können, ohne dann aber vielleicht in der Lage zu sein, dies auch zu äußern. Daher wäre es ratsam, im Sinne eines

„Advance Care Planning"[178], in der Verfügung Wege offen zu lassen, z. B. eher die eigene Lebensphilosophie, also Vorstellungen, Wünsche und eigene Werte zu umschreiben als konkrete Maßnahmen bereits festzulegen. Dazu gehört, im Voraus die Gelegenheit zu nutzen, mit Angehörigen und mit Vertrauenspersonen über die eigenen Vorstellungen und Wünsche zu sprechen und auch den Hausarzt miteinzubeziehen, der vieles aus medizinischer Sicht zusätzlich klären kann. Trotz schriftlicher Fixierung des eigenen Willens bleiben stets unterschiedliche Interpretationsmöglichkeiten, so dass nicht garantiert werden kann, dass eigene Wünsche tatsächlich auch umgesetzt werden.

Der wissenschaftliche, wirtschaftliche und technische Fortschritt hat eine gewisse Anspruchshaltung bei den Menschen erzeugt, die sich zunehmend als Konsumenten verstehen. Es gilt, als Betroffener wieder ein Gespür dafür zu entwickeln, dass man mit der eigenen Gesundheit verantwortungsvoll umgehen sollte und auch dem Gemeinwesen gegenüber verpflichtet ist – das Argument, dass man sein Leben lang Krankenkassenbeiträge bezahlt habe, genügt nicht, um gewisse Forderungen stellen zu dürfen. Es gilt, einen Mittelweg zwischen „Kunde sein", der Ansprüche erhebt, und „Patient sein", der alles erduldet, zu finden.

Die Möglichkeit, sich über digitale Quellen, z. B. medizinische Internetseiten, selbst zu informieren, sich Live-OP-Mitschnitte anzuschauen, etc., das letztendliche Entscheidungsrecht des Patien-

---

[178] https://www.nzz.ch/zuerich/das-sterben-enttabuisiert-roland-kunz-und-die-palliativmedizin-ld.1542520.

ten sowie die Tendenz, Fehlbehandlungen mit Schadenersatzklagen zu ahnden, haben die Arzt-Patienten-Beziehung verändert. Therapeuten stehen vermehrt unter Druck, ihr Handeln nicht nur fachlich und wirtschaftlich, sondern auch rechtlich verantworten zu müssen bzw. sich vorher dagegen abzusichern. Das gegenseitige Vertrauen wird brüchig, ist aber nach wie vor eine der wesentlichen Grundlagen für eine sehr persönliche Zusammenarbeit.

Kommunikation, z. B. Gespräche mit Angehörigen und Freunden über Tabuthemen, in Krisensituationen sich mitzuteilen oder letzte Dinge zu besprechen, sind gute Voraussetzungen dafür, dass u. a. auch ethisch kritische Situationen für alle Seiten befriedigend bewältigt werden können.

6.5. Medizinischer Fortschritt und assistierter Suizid

Durch Fortschritte im medizinisch-wissenschaftlichen und -technischen Sektor kommen neue ethische Fragen auf. Damit verbundene Risiken und negative Folgen werden sichtbar, die keine eindeutigen Lösungen in sich tragen.

Wegen der Komplexität von Einzelsituationen und des nach wie vor bestehenden Unwissens über grundlegend Menschliches sind Grenzen der technischen und medikamentösen Möglichkeiten schwer festzulegen, geschweige denn verallgemeinerbar.

Der Mensch hat Angst davor, dass über ihn verfügt wird, ohne sich wehren zu können und dass ihm Situationen zugemutet werden, die er nicht mehr durchschaut und die er nicht will.

Die Stärkung der persönlichen Autonomie führt zur Ausdehnung der Grenzen ethisch diskutierter Bereiche. Die Frage, ob man behandelt oder nicht behandelt werden möchte oder ob man sich einer bestimmten Behandlung bis hin zur Todesfolge verweigert, ist zur Sache des eigenen Entscheidungsrechts geworden. Ob damit der Betroffene grundsätzlich überfordert wird und damit Grenzüberschreitungen stattfinden, die dem Wesen des Menschen nicht mehr adäquat sind, wird oft unzureichend durchdacht und diskutiert.

Die Vereinfachung des Suizids durch Medikamente und der teilweise legalisierte Zugang zu dieser Möglichkeit lassen Suizid zu einer „Option" werden. Nur wird dabei vernachlässigt, dass es sich hierbei nicht um eine Therapieoption handeln kann, da die Folge der sichere Tod ist.

Unmerklich, d. h. unkontrolliert und stillschweigend akzeptiert, werden die Grenzen, innerhalb deren der assistierte Suizid legalisiert ist, weiter ausgedehnt.

Die Technisierung der Medizin verstärkt die Entpersonalisierung der Medizin und Pflege durch Distanzierung, Spezialisierung, Ökonomisierung und entsprechende Denkmuster. Typisch dafür sind Begriffe, wie z. B. Kunde und Kostenfaktor, die Assoziationen wecken mit nutzlos gewordenen Objekten, die man entsorgen kann.

Die wachsende Skepsis gegenüber dem Segen der Technik könnte, statt die Mitgliederzahl der Sterbehilfeorganisationen weiter zu erhöhen, einer der Auslöser für die notwendigen Strukturreformen im Gesundheitswesen westlicher Länder werden.

6.6. Palliative Care

Seit den 1960er Jahren wächst und entwickelt sich in Europa Palliative Care als ein Zweig der Schulmedizin mit dem Ziel, es den Patienten zu ermöglichen, mit einer Krankheit, bei der keine Aussicht auf Heilung besteht, so gut wie möglich die verbleibende Zeit zu leben. Die Gesellschaft akzeptiert und schätzt Palliative Care zunehmend, doch erkennt man nach jahrelangen Erfahrungen auch ihre medizinischen und finanziellen Grenzen. Der Ansatz und die Reaktion der Betroffenen regen dazu an, das oft kritisierte und nach Lösungen suchende Gesundheitssystem zu hinterfragen. Kann das Prinzip der Palliative Care auf bisherige Gesundheitssysteme übertragen werden, so dass diese sowohl in ihrem Ansatz als auch strukturell reformiert werden? Kann sie, auch durch den Ausbau der Palliativen Geriatrie, zunehmend eine Alternative für jene sein, die mit dem Gedanken spielen, sich selbst aus der Welt und aus existierenden oder befürchteten unerträglichen Situationen zu verabschieden? Was sind die Kennzeichen der Palliative Care und was unterscheidet sie von anderen Ansätzen?

Haltung: Bei Palliative Care steht die Würdigung der Person im Mittelpunkt. Der Betroffene ist in einem Netzwerk aufgehoben, das ihm Hilfestellung und Geborgenheit bietet. Grenzen der Behandlung werden gemeinsam festgelegt. Der Betroffene soll so gut und so erfüllt wie möglich *leben*. Es geht nicht primär um eine Lebensverlängerung, sondern um das ganzheitliche bestmögliche Wohlergehen und um die Sinnerfüllung jeden gemeinsam durchlebten Tages.

Konzept: Palliative Care beginnt bislang mit der Diagnose einer lebensbedrohlichen Erkrankung. Nicht nur ein Arzt, sondern ein interdisziplinäres Team begleitet und behandelt den Betroffenen und kümmert sich auch um die Angehörigen. Es besteht neben den medizinischen Fachpersonen variabel aus Experten anderer Bereiche, die für die individuelle Situation notwendig sind, z. B. aus Sozialarbeitern oder Seelsorgern. Krankheit wird nicht nur mehr als ein somatisches Geschehen, sondern, so wie auch die Behandlung, als eine Gesamterfahrung des Betroffenen verstanden, die seine physischen, seelischen, geistigen, sozialen und kulturellen Bedürfnisse umfasst.

Neben Professionalität spielt die Empathiefähigkeit der begleitenden Personen eine wesentliche Rolle. Empathie bedeutet, sich in eine andere Person einzufühlen und hineinzudenken, zu ahnen und zu verstehen, was den anderen bewegt. Es handelt sich also nicht um Sentimentalität, sondern um eine innere Bereitschaft, dem anderen offen zuzuhören. Dabei geht es nicht darum, Antworten zu finden, sondern vielmehr darum, den Betreffenden dabei zu unterstützen, seinen Weg zu finden, ihm Halt zu geben und ihm ein Partner zu sein.

Die Betroffenen wiederum müssen Vertrauen zu dem sie umgebenden Team entwickeln, anstatt sich nur auf eine oder einige wenige Bezugspersonen zu stützen.

In diesem Zusammenhang ist auch die Gestaltung der Patientenzimmer von Bedeutung. Von technisch oder praktisch notwendigen Gegenständen abgesehen, sollten sie dem Bedürfnis nach Privatsphäre entsprechend individuell eingerichtet werden, z. B. durch bequeme Sitzmöbel, indem farblich bunte Akzente gesetzt werden oder ein angenehmes Licht für Wohlbehagen sorgt.

Lebensgewohnheiten des Patienten werden, so weit wie möglich, in den Tagesablauf integriert.

Familie und Freunde sind Teil des Teams, so dass ihr individueller Freiraum größer sein sollte als bisher üblich.

Eine offene Kommunikation ohne Zeitdruck, auf kurzen Wegen und unter Einbeziehung aller Beteiligten erleichtert eine gemeinsame Entscheidungsfindung bei anstehenden Fragen.

Die verschiedenen Aufgaben, die neben der direkten Patientenversorgung zu bewältigen sind, wie z. B. Qualitätsmanagement, entsprechende Arbeitsgruppen, Rapporte, Leitlinien u. a., müssten ihren angemessenen Platz im Dienst am Patienten einnehmen statt an erster Stelle der Rechtfertigung gegenüber übergeordneten bürokratischen Einrichtungen zu dienen.

Die Haltung von Palliative Care steht diametral zu der in unserer heutigen Gesellschaft weitverbreiteten Einstellung. Die Person wieder in den Mittelpunkt des Geschehens zu rücken, kann gesellschaftliche Veränderungen nach sich ziehen. Die Bedeutung der Person des Nächsten und Schwachen wird gestärkt. Krankheit und Tod verlören in einem solchen gesamtheitlich organisierten Gesundheitssystem ihren einsamen Schrecken. Das Wissen darum, umsorgt zu sein, dass Grenzen der Behandlung gemeinsam festgelegt werden, ohne dass dadurch technische und medikamentöse

Möglichkeiten geschmälert würden, dass eigene Ängste und Begrenzungen wahrgenommen werden und darüber offener gesprochen werden kann, ermutigt den Betreffenden, Vertrauen zu fassen und öffnet seinen Blick über die augenblickliche Not hinaus. Die Angst, übergangen oder überfordert zu werden, lässt nach. Angehörige werden entlastet, da sich die Teamarbeit im ambulanten Bereich fortsetzt. Das Bedürfnis nach assistiertem Suizid könnte somit schwinden. Ob ohne den Bezug auf Gott eine ausreichend fundierte Veränderung möglich ist, bleibt allerdings fraglich.[179]

---

[179] Lukas 6, 47–49.

7. Schluss

Die Frage nach dem „guten Tod" wird seit der Antike kontrovers diskutiert. So gesehen ist assistierter Suizid eine neuzeitliche Erscheinung mit antiken Wurzeln. Seiner Akzeptanz wird durch ein evolutionäres, zunehmend individualistisches Menschenbild, durch gesellschaftliche Liberalisierung und durch die Entwicklung eines tödlichen Medikamentes ohne unangenehme Nebenwirkungen der Weg gebahnt. Aus den verschiedensten Gründen wird meist vermieden, über Leid, Krankheit oder Tod nachzudenken bzw. darüber miteinander zu reden. Nicht nur für die Diskussion über assistierten Suizid, sondern auch im Hinblick auf das irgendwann bevorstehende eigene Lebensende könnten folgende Fragen als Anregung für individuelle Überlegungen oder Gespräche dienen, um unterschiedliche Erfahrungen und Standpunkte gemeinsam zu erörtern.

7.1. Fragen zu Mensch und Person

Wie ist Ihrer Meinung nach der Mensch entstanden und wozu ist der Mensch da?

Was macht für Sie das Besondere des Menschen aus?

Was macht Sie aus? Wer sind Sie? Wie würden Sie sich beschreiben, Ihr Wesen, Ihre Eigenschaften, Ihre Stärken und Schwächen?

Versuchen Sie zu schildern, wer Ihr Partner oder Angehöriger ist, seine Wesensmerkmale oder was ihn zu dieser einzigartigen Person macht.

Was assoziieren Sie mit dem Begriff „Person"?

Können Sie sich etwas im Menschen Begründetes vorstellen, was mit einem Suizid nicht vereinbar ist?
Wie wertvoll sind Ihnen Beziehungen? Was ist Ihnen an Beziehungen wichtig?

Entsprechen die Beziehungen, an denen Ihnen viel liegt, Ihren Vorstellungen oder Wünschen? Was könnten Sie verändern, damit sie sich positiv entwickeln?

Stellen Sie sich ein paar nahestehende Menschen vor und überlegen Sie, was Sie an ihnen schätzen und was Sie an ihnen nicht mögen.

Gibt es Menschen, denen Sie sagen und zeigen möchten, wie lieb sie Ihnen sind?

*

Worin liegt Ihrer Meinung nach die Würde des Menschen?

Stellen Sie sich Situationen vor, in denen Ihre Würde respektiert bzw. in denen sie verletzt werden könnte.

Welche Vorstellungen kommen Ihnen zu dem Ausdruck „in Würde sterben" in den Sinn?

*

Was stellen Sie sich unter Ihrer persönlichen Freiheit vor? Haben Sie hierfür konkrete Beispiele? Wodurch wird sie beschränkt?

Können Sie sich vorstellen, Ihrer Freiheit selbst Grenzen zu setzen? Wenn ja, welche?

Sind Ihnen Selbstbestimmung und Selbstverwirklichung wichtig?

Worauf haben Sie Ihrer Meinung nach Rechte?

Bedeutet, in Ihren Entscheidungen frei zu sein, für Sie auch, über die Dauer Ihres Lebens entscheiden zu können oder zu dürfen, wenn das Leben für Sie sinnentleert, nutzlos oder sogar unerträglich geworden sein sollte?

Auf welchen Grundlagen treffen Sie Entscheidungen?

Wenn Sie Gewissensbisse geplagt haben: Wie haben Sie auf sie reagiert?

*

Was heißt es für Sie, Verantwortung zu übernehmen?

An welche Situationen erinnern Sie sich, in denen Ihnen Verantwortung schwer gefallen ist?

Denken Sie, dass Sie für Ihr Leben oder für das Leben eines anderen Menschen verantwortlich sind? Wenn ja, wie äußert sich das konkret?

*

Würden Sie sich als tolerant bezeichnen? Wodurch wird Toleranz Ihrer Meinung nach konkret und sichtbar?

Schließt Ihr Verständnis von Toleranz ein oder aus, dass es jedem überlassen bleiben sollte, über die Dauer seines Lebens selbst zu entscheiden? Wie begründen Sie Ihre Überzeugung?

*

Wie bilden Sie sich Ihre Meinung?

Haben Sie Überzeugungen, für die Sie eintreten? Gab es Situationen, in denen Sie mit Ihrer Überzeugung auf Widerstand gestoßen sind? Wie haben Sie das erlebt? Was würden Sie im Nachhinein an Ihren eigenen Reaktionen verändern?

7.2. Fragen an das Leben

Beschreiben Sie Ihre Familie (Kennzeichen, Stärken, Schwächen, die Art und Weise der Kommunikation untereinander usw.) und was Ihnen an ihr wichtig ist, welche Erfahrungen Sie dort geprägt haben etc.

Wie ist Leben Ihrer Ansicht nach entstanden?

Gibt es für Sie ein Lebensfundament?

Was erfüllt Sie in Ihrem Leben?

Worauf legen Sie in Ihrem Leben wert? Was ist Ihnen wichtig?

Welche Sehnsüchte haben Sie?

Was macht Ihr Leben zu Ihrem ureigenen Leben, das mit dem anderer nicht austauschbar ist?

*

Wie gehen Sie mit der Zeit um, oder geht die Zeit mit Ihnen um?

Was bedeutet es für Sie, dass Ihr Leben einmalig ist? Hat das Konsequenzen auf Ihren Lebensstil, und wenn ja, welche?

Ist das Leben für Sie unantastbar? Wenn ja, warum?

*

Was war jeweils das Besondere an Ihrer Kindheit und Jugend, während der Ausbildung und im Berufs- und Familienleben? Was war schön oder schwierig, was hat Sie verändert, was hat sich an Ihren Überzeugungen verändert?

Wie haben Sie das Altern Ihrer Eltern oder Großeltern erlebt, und welche Folgerungen haben Sie für sich daraus gezogen?

Welche Wünsche haben Sie für Ihr Alter, oder was ist Ihnen wichtig, falls Sie gepflegt werden müssen?

Wissen Sie, an wen Sie sich wenden können, um Informationen über Pflege, mögliche Wohnformen sowie finanzielle und fachliche Unterstützung zu erhalten? Wie sieht Ihre finanzielle Altersvorsorge aus?

*

Hatten Sie in Ihrem Leben „Krisen", und was war das Schwierige an ihnen? Wie haben Sie sie gemeistert? Welche Folgen sind geblieben?

Worauf oder auf wen haben Sie sich verlassen können?

Woraus schöpfen Sie Kraft?

Wie reagieren Sie auf Schmerzen, auf Verlust oder Abschiede?

Wie reagieren Sie, wenn Sie andere leiden sehen? Gibt es jemanden in Ihrem Familien- oder Bekanntenkreis, der leiden muss oder musste? Wie erleben Sie das oder haben Sie das erlebt? Wie gehen Sie damit um oder sind Sie damit umgegangen?

Wovor habe Sie Angst?

Erinnern Sie sich an Situationen, in denen Sie von Ihrer Angst befreit wurden und wodurch das geschehen ist? Wie haben Sie sich danach gefühlt?

Zu welchen Menschen haben Sie Vertrauen und warum?

7.3. Fragen zu Sterben und Tod

Welche persönlichen Erlebnisse hatten Sie mit Sterbenden? Welche Empfindungen sind Ihnen im Gedächtnis geblieben? Was war Ihnen in diesen Situationen wichtig? Was hat Sie gestört?

Welche Wünsche haben Sie für Ihr eigenes Sterben?

Welche Ängste treiben Sie um, wenn Sie an Ihre Vergänglichkeit denken?

Wie könnten Sie sich auf Ihr Sterben vorbereiten?

Haben Sie mit Angehörigen oder Freunden über Sterben und Tod gesprochen, auch über Ihre diesbezüglichen eigenen Wünsche und Vorstellungen?

*

Haben Sie Angst vor dem Tod? Warum ja oder nein?

Welchen Einfluss hat die Tatsache des Todes auf Ihr Leben?

Beeinflusst Ihre Vorstellung vom Leben Ihre Haltung gegenüber dem Tod?

Welche Vorstellungen haben Sie von dem, was mit Ihnen nach dem Tod passieren wird? Tröstet Sie diese Vorstellung? Hat sie Auswirkungen auf Ihre Lebensweise?

Glauben Sie an die Auferstehung der Toten?

7.4. Fragen an die Medizin

Was sind Ihrer Meinung nach positive und was sind negative Auswirkungen des technischen oder medikamentösen Fortschritts in der Medizin? Haben Sie eigene Erfahrungen damit?

Was macht Ihnen eventuell Angst, wenn Sie an die technischen Möglichkeiten, z. B. der Lebensverlängerung, denken?

Wie wünschen Sie, von Ärzten oder Pflegenden behandelt zu werden? Entsprechen Ihre Wünsche Ihren bisherigen Erfahrungen? Was würden Sie gerne ändern?

Wie sehen Sie Ihre eigene Verantwortung für Ihre Gesundheit oder für die durch Sie verursachten Gesundheitskosten?

Kennen Sie Palliative Care, und was halten Sie von diesem Konzept? Würden Sie sich etwas Ähnliches für sich zuhause wünschen, wenn Sie z. B. pflegebedürftig werden?

7.5. Fragen zu assistiertem Suizid

Was stellen Sie sich unter assistiertem Suizid vor?

Welche Gründe sprechen Ihrer Meinung nach für und welche gegen einen assistierten Suizid?

Gibt es Situationen, in denen assistierter Suizid für Sie denkbar oder wünschenswert wäre? Auf welcher Grundlage würden Sie Ihre Entscheidung treffen und sie als richtig empfinden?

Welche Alternativen könnten Sie sich in solchen Situationen vorstellen? Warum kämen manche von ihnen für Sie nicht in Frage?

7.6. Fragen zur Gesellschaft

Haben Sie den Eindruck, dass unsere Gesellschaft einen direkten oder indirekten Einfluss auf die Akzeptanz des assistierten Suizids hat? Inwiefern erachten Sie hier folgende gesellschaftliche Verhältnisse, Entwicklungen oder Faktoren als relevant oder als weniger bis gar nicht relevant?

- Veränderte familiäre Strukturen und Beziehungen,
- veränderte Arbeitsbedingungen und -anforderungen,
- Drang nach Selbstverwirklichung,
- Dominanz der Ratio und Verkümmerung der emotionalen Kommunikationsfähigkeit,
- Konsummentalität,
- Vielfalt der Marktangebote,
- Risiken des digitalen Missbrauchs,
- gesellschaftliche Denkmuster,
- öffentliche Meinung,
- Suggestion und Manipulation,
- überbordende Bürokratie, mangelnde Transparenz und unzureichende Kommunikation untereinander,
- vielfältig verursachte Ängste,
- Verlust der Transzendenz und des Glaubens an Gott.

Könnten Ihrer Meinung nach Situationen, in denen assistierter Suizid als Ausweg erscheint, durch konkrete Maßnahmen in einem der o. g. Bereiche so verändert werden, dass der Lebensmut wieder steigt?

7.7. Fragen zum Glauben

Gehören Sie einer Religionsgemeinschaft an?

Was verstehen Sie Spiritualität und was bedeutet Sie Ihnen?

Wer ist Gott für Sie?

Wie würden Sie reagieren, wenn Sie hören, dass Gott Sie liebt und eine Beziehung zu Ihnen aufbauen will? Ist für Sie eine Beziehung zu Gott vorstellbar?

Was wissen Sie von Jesus?

Haben Sie Vertrauen zu Jesus? Falls ja, erinnern Sie sich an konkrete Situationen?

Wie würden Sie reagieren, wenn Sie hören, dass Jesus Ihnen in Ihrem Leid und Tod nahe ist, dass er Sie, auch durch die Gemeinschaft mit anderen Menschen stärkt und Sie zu einem erfüllten Leben hindurchführen will?

Kennen Sie Christen, die Ihnen durch ihr liebevolles Verhalten gut getan haben?

Ist der christliche Glaube für Sie Lebenshilfe, Herausforderung oder lebensverändernd? Falls ja, können Sie hier konkrete Situationen beschreiben?

Wenn Gott Ihnen nichts bedeutet, warum nicht? Wie ist es dazu gekommen, oder war es schon immer so?
Könnten Sie sich vorstellen, sich darüber mit einem mit Ihnen befreundeten Christen zu unterhalten?

Literaturverzeichnis

Apondo, E. (2018). Kritische Hinterfragung der aktuellen Empfehlungen der European Association for Palliative Care. *Bioethica Forum. Palliative Sedierung, Vol 11/No 2/3*, S. 97-99.

Ariès, P. (1980). *Geschichte des Todes* (2. Ausg.). München Wien: Hanser.

Aristoteles. (1995). *Philosophische Schriften. Über die Seele* (Bd. 6). (W. Theiler, & H. Seidl, Übers.) Hamburg: Meiner.

Au, C., & Sowarka, D. (2011). *Palliative Versorgung älterer Menschen - Versorgungsstrukturen am Lebensende. Informationsdienst für Altersfragen. 38. Jahrgang, Heft 06*. Abgerufen am 1. März 2021 von https://www.dza.de/fileadmin/dza/pdf/Heft_06_2011_November_Dezember_2011_gekuerzt_PW.pdf

BGH. (2010). *Urteil vom 25. Juni 2010 (LG Fulda)*. Abgerufen am 1. März 2021 von https://www.hrr-strafrecht.de>hrr.

Bioethica Forum. Leiden.Vol.11/Nr. 1. (2018).

Bioethica Forum. Palliative Sedierung. Vol 11/No.2/3. (2018).

Birnbacher, D. (2006). *Bioethik zwischen Natur und Interesse.* Frankfurt: Suhrkamp.

Borasio, G. D. (2016). *Über das Sterben* (5. Ausg.). München: Beck, C.H.

Bovet, T. (1963). *Zeit haben und frei sein* (Bd. 98). Hamburg: Furche.

Bovet, T. (1979). *Mensch sein.* Bern: Paul Haupt.

Brockhaus. (1987). *Enzyklopädie in 24.Bd.* (18. Ausg.). Mannheim: Brockhaus.

Buber, M. (1995). *Ich und Du* (Bd. 9342). Ditzingen: Reclam.

Buber, M. (2003). *Der Weg des Menschen.* Gütersloh: Gütersloher Verlagshaus.

Bundesärztekammer. (2011). *Grundsätze zur ärztlichen Sterbebegleitung.* Abgerufen am 1. März 2021 von https://www.bundesaerztekammer.de>Sterbebegleitung_1 7022011

Bundesministerium der Justiz. Strafgesetzbuch (StGB) §217.Geschäftsmäßige Förderung der Selbsttötung. (2015). Abgerufen am 1. März 2021 von https://www.gesetze-im-Internet.de/stgb/_217.html

Bundesverfassungsgericht. (2020). *Urteil vom 26.02.2020.* Abgerufen am 1. März 2021 von http://www.bverfg.de/e/rs20200226_2bvr234715.html

Cullmann, O. (1946). *Christus und die Zeit.* Zollikon-Zürich: Evangelischer Verlag.

Demmer, K. (2000). *Handeln als Einüben des Sterbens. Ein Kapitel theologischer Anthropologie in Das medizinisch assistierte Sterben* (2.erw. Ausg.). (A. D. Holderegger, Hrsg.) Wien: Herder.

Evangelisches Gesangbuch. (1994). München: Verlag evangelischer Presseverband für Bayern e.V.

FOWID. (2016). *Sterbehilfe in den Niederlanden 2008-2014.* Abgerufen am 1. März 2021 von https://fowid.de/meldung/sterbehilfe-den-niederlanden-2008-2014

FOWID. (2016). *Suizide und Sterbehilfe in der Schweiz 1999 - 2014.* Abgerufen am 1. März 2021 von https://fowid.de/meldung/suizide-und-sterbehilfe-der-schweiz

Freyer, H. (1991). *Gesellschaft und Kultur in Propyläen der Weltgeschichte* (Bd. 10). (G. Mann, & Nitschke, A, Hrsg.) Frankfurt/Berlin: Ullstein.

Giesecke, M. (1998). *Sinnenwandel, Sprachwandel, Kulturwandel: Studien zur Vorgeschichte der Informationsgesellschaft* (2. durchgesehene Ausg.). Frankfurt: Suhrkamp.

Grundgesetz der Bundesrepublik Deutschland. (1949). Abgerufen am 1. März 2021 von https://www.gesetze - im- internet.de/gg/BJNR000010949.html.

Guardini, R. (1979). *Die Heilbringer in Mythos, Offenbarung und Politik* (1. Ausg., Bd. 84 Topos TB). Mainz: Matthias Grünewald.

Guardini, R. (1986). *Das Ende der Neuzeit. Die Macht.* Paderborn: Schöningh.

Guardini, R. (1988). *Sorge um den Menschen* (Bd. 1). Paderborn: Schöningh.

Guardini, R. (1988). *Welt und Person.* Paderborn: Schoningh.

Guardini, R. (1989). *Sorge um den Menschen* (Bd. 2). Paderborn: Schöningh.

Guardini, R. (1993). *Gläubiges Dasein. Die Annahme seiner selbst.* Mainz/Paderborn: Grünewald/Schöningh.

Guardini, R. (1994). *Unterscheidung des Christlichen. Aus dem Bereich der Philosophie.* (Bd. 1). Paderborn: Schöningh.

Guardini, R. (1994). *Unterscheidung des Christlichen. Aus dem Bereich der Theologie.* (Bd. 2). Paderborn: Schöningh.

Guardini, R. (1997). *Ethik* (3. Ausg., Bd. 1). Paderborn: Schöningh.

Guardini, R. (1997). *Ethik* (3. Ausg., Bd. 2). Paderborn: Schöningh.

Guardini, R. (1998). *Die letzten Dinge* (Bde. 192 Topos TB, Mainz: Matthias Grünewald 1989, Nachdruck 6. Aufl. 3. TB Aufl.). Würzburg: Werkbund.

Guardini, R. (1999). *Die Annnahme seiner selbst* (6. Ausg., Bd. 171 Topos TB). Mainz: Matthias Grünewald.

Guardini, R. (2001). *Die Lebensalter* (Bd. 400 Topos plus TB). Mainz: Matthias Grünewald.

Guardini, R. (2013). *Der Tod des Sokrates* (8. Ausg.). Kevelaer: Topos plus.

Guardini, R. (2017). *Theologische Briefe an einen Freund.* Paderborn: Schöningh.

Gula, R. M. (2000). *Zur Eutahansie-Diskussion in den USA. Zweiter Teil in: Das medizinisch assistierte Sterben* (2. erw. Ausg.). (A. Holderegger, Hrsg.) Wien: Herder.

Habermas, J. (2016). *Der philosophische Diskurs der Moderne* (12. Ausg.). Frankfurt: Surhrkamp.

Habermas, J. (2018). *Strukturwandel der Öffentlichkeit* (15. Ausg.). Frankfurt: Suhrkamp.

Hebbel, F. (1978). *Werke in 2 Bänden. Tagebücher. Die Bibliothek deutscher Klassiker* (Bd. 46). München, Wien: Carl Hanser.

Heimowski, U. (März 2019). Eine Frage des Gewissens. *Impulse*, S. 6-12.

Herrenhuter Brüdergemeinde. Losungen für das Jahr 2019. (2018). Lörrach/Basel: Friedrich Reinhardt Verlag.

Höffe, O. (2018). *Die hohe Kunst des Alterns.* München: Beck.

Holderegger, A. (2000). *Das medizinisch assistierte Sterben* (2. erw. Ausg.). (A. Holderegger, Hrsg.) Wien: Herder.

Holderegger, A. (2000). *Zur Euthanasiedebatte in den USA. Erster Teil in Das medizinisch assistierte Sterben* (2. erw. Ausg.). (A. Holderegger, Hrsg.) Wien: Herder.

Iberg, M. C. (2018/2019). Seminar Begleitung für Schwerkranke und Sterbende. *TECUM Arbeitsmappe.*

Jonas, H. (1988). *Das Prinzip Verantwortung* (8. Ausg.). Frankfurt am Main: Insel.

Jordan, S., & Nimtz, C. (2013). *Lexikon der Philosophie.* (S. Jordan, & C. Nimtz, Hrsg.) Ditzingen: Reclam.

Jüngel, E. (1973). *Tod. Themen der Theologie* (3. Ausg., Bd. 8). (H.J.Schultz, Hrsg.) Stuttgart: Kreuz.

Keenan, J. F. (2000). *Fallstudien, Rhetorik und die amerikanische Debatte in Das medizinisch assistierte Sterben* (2.erw. Ausg.). (A. Holderegger, Hrsg.) Wien: Herder.

Keil, G. M. (2011). *Muss Strafe sein, auch wenn der Wille unfrei ist? in Was können wir wissen, was sollen wir tun?* (S. Herbert, H. Hastedt, & G. Keil, Hrsg.) Hamburg: Rowohlt.

Kierkegaard, S. (2002). *Die Krankheit zum Tode* (4. Ausg.). Hamburg: EVA.

Kierkegaard, S. (2002). *Philosophische Brocken* (3. Ausg.). Hamburg: EVA.

Kirchenamt der Evngelischen Kirche in Deutschland. Stellungnahme der evangelischen und katholischen Kirche in Deutschland. Sterbebegleitung statt aktiver Sterbehilfe. Gemeinsame Texte 17. (2003). Abgerufen am 1. März 2021 von https://www.dbk.de>redaktion>veroeffentlichungen>gem-texte.

Klein, T. (2016). *Sozialstrukturanalyse* (2. überarb. Ausg.). Weinheim: Beltz Juventa.

Lowenstein, A., Ogg, J., & (Hrsg.). (2003). *OASIS Final Report.* Abgerufen am 1. März 2021 von oasis.haifa.ac.il/downloads/oasis-final-report.pdf.

Lutz-Bachmann, M. (2013). *Ethik. Grundkurs Philosophie* (Bd. 7). Stuttgart: Reclam.

Mendiola, M. (2000). *Menschliches Leiden und das ärztlich assistierte Sterben in Das medizinisch assistierte Sterben* (2.erw. Ausg.). (A. Holderegger, Hrsg.) Wien: Herder.

Menning, S. (2007). *Haushalte, familiäre Lebensformen und Wohnsituation älterer Menschen. Report Altersdaten. GeroStat. DZA, 02/2007.* Abgerufen am 1. März 2021 von https://www.dza.de/fileadmin/dza/pdf/geroStat_Report_A ltersdaten_Heft_2_2007.pdf.

Mirandola, P. d. (2012). *Über die Würde des Menschen.* Ditzingen: Reclam.

Muschg, A. (2017). *Der weisse Freitag.* München: C.H.Beck.

Nationaler Ethikrat. Selbstbestimmung und Fürsorge am Lebensende. Stellungnahme. (2006). Berlin: Druckhaus Berlin-Mitte.

Nemo, P. (2005). *Was ist der Westen?* Tübingen: Mohr Siebeck.

Niederau, H.-J., & Staubmann, H. (2016). *Kritische Theorie und Gesellschaftsanalyse.* (H.-J. Niederau, & H. Staubmann, Hrsg.) Innsbruck: university press.

Nietzsche, F. (1982). *Werke in 3 Bänden. Erster Band. Die Bibliothek deutscher Klassiker* (Bd. 58). (K. Schlechta, Hrsg.) München: Hanser.

Nietzsche, F. (1982). *Werke in 3 Bänden. Zweiter Band. Die Bibliothek deutscher Klassiker* (Bd. 59). (K. Schlechta, Hrsg.) München: Hanser .

Nimtz, C. (2013). *Geist und Seele in Lexikon der Philosophie.* (S. Jordan, & C. Nimtz, Hrsg.) Ditzingen: Reclam.

Nitschke, A. (1991). *Frühe christliche Reiche in: Propyläen Weltgeschichte* (Bd. 5). (G. Mann, & A.Nitschke, Hrsg.) Frankfurt/Berlin: Ullstein.

Nowassadeck, S., Engstler, H., & Klaus, D. (2016). *Pflege und Unterstützung durch Angehörige. DZA Report Altersdaten Heft 1.* Abgerufen am 1. März 2021 von https.//www.dza.de/fileadmin/dza/pdf/Report_Altersdaten _Heft_1_2016.pdf.

NZZ. (2020). *Das Sterben enttabuisiert - Roland Kunz und die Palliativmedizin.* Abgerufen am 1. März 2021 von https://www.nzz.ch/zuerich/das-sterben-enttabuisiert-roland-kunz-und-die-palliativmedizin-ld.1542520.

Ohly, L. (2002). *Sterbehilfe: Menschenwürde zwischen Himmel und Erde. Forum Systematik* (Bd. 17). Stuttgart: Kohlhammer.

Pfister, J. (2016). *Philosophie. Ein Lehrbuch.* Ditzingen: Reclam.

Pfister, J. (2017). *Werkzeuge des Philosophierens* (2. Ausg.). Ditzingen: Reclam.

Pontifico Consiglio Cor Unum. Questioni etiche relative ai malati gravi e ai morenti. (1981). Abgerufen am 1. März 2021 von https://www.academyforlife.va>pav>fatally_ill_and_dyin g_it.

Quante, M. (2013). *Autonomie in Lexikon der Philosophie.* (Jordan Stephan, & C. Nimtz , Hrsg.) Ditzingen: Reclam.

Rehmann-Sutter, C., Ohnsorge, K., & Gudat, H. (2018). Die moralische Komplexität der kontinuierlichen Sedierung am Lebensende als klinische Interaktion. *Bioethica Forum: Palliative Sedierung. Vol 11/No.2/3*, S. 67-75.

Reiss, T. (28. März 2018). Was heisst Freiheit? *Die Zeit.*

Rinpoche, S. (2013). *Das tibetische Buch vom Leben und vom Sterben.* München: Knaur .

Rüsen, J. (2013). *Humanismus in Lexikon der Philosophie.* (Jordan Stephan, & C. Nimtz , Hrsg.) Ditzingen: Reclam.

SAMW. (2004). *Ziele und Aufgaben der Medizin zu Beginn des 21. Jahrhunderts.* Abgerufen am 1. März 2021 von https://www.samw.ch>positionspapier_samw_ziele_aufga ben_medizin.

SAMW. (2018). *Richtlinien: Umgang mit Sterben und Tod.* Abgerufen am 1. März 2021 von https://www.samw.ch>dam>richtlinien_samw_sterben_u nd_tod_d.

Schart, A. (2007). *Menschenbilder im schematischen Vergleich, bearbeitet von Jürgen Ehle Universität Duisburg-Essen, Institut für Evangelische Theologie.* Abgerufen am 1. März 2021 von https://www.uni-due.de/gev020/courses/course-stuff/menschenbilder-schema 2007.

Schmid, C. (1991). *Die zweite industrielle Revolution in Propyläen der Weltgeschichte* (Bd. 10). (G. Mann, & A. Nitschke, Hrsg.) Frankfurt/Berlin: Ullstein.

Schnädelbach, H. (2011). *Mit oder ohne Gott? in Was können wir wissen, was sollen wir tun?* (2. Ausg.). (H. Schnädelbach, H. Hastedt, & G. Keil, Hrsg.) Hamburg: Rowohlt TB.

Schnädelbach, H., Hastedt, H., & Keil, G. (2011). *Was können wir wissen, was sollen wir tun?* (2. Ausg.). (H. Schnädelbach, H. Hastedt, & G. Keil, Hrsg.) Hamburg: Rowohlt TB.

Schulz, S. (Hrsg.). (1985). *Materialien Sterben – Tod - Auferstehung, Sekundarstufe I.* Stuttgart: Klett.

Siep, L., & Quante, M. (2000). *Ist die aktive Herbeiführung des Todes im Bereich des medizinischen Handelns philosophisch zu rechtfertigen? in Das medizinisch assistierte Sterben* (2.erw. Ausg.). (A. Holderegger, Hrsg.) Wien: Herder.

Sloterdijk, P. (2014). *Die schrecklichen Kinder der Neuzeit* (2. Ausg.). Berlin: Suhrkamp.

Sloterdijk, P. (2018). *Nach Gott.* Berlin: Suhrkamp.

Spaemann, R. (2015). *Vom guten Sterben.* Freiburg: Herder.

Staudacher, D. (2019). Ist Demenz das Ende der Freiheit? *Palliative ch 1/2019*, S. 46-48.

Steiner, H. (2017). *Individuelle Freiheit in Freiheit. Zeitgenössische Texte zu einer philosophischen Kontroverse* (1. Ausg.). (P. Schink, Hrsg.) Berlin: Suhrkamp.

Stolzenberg, J. (2013). *Idealismus in Lexikon der Philosophie.* (S. Jordan, & C. Nimtz , Hrsg.) Ditzingen: Reclam.

Thielicke, H. (1964). *Theologische Ethik* (2. Ausg., Bd. 3). Tübingen: J.C.B. Mohr.

Thielicke, H. (1981). *Theologische Ethik* (3. Ausg., Bd. 1). Tübingen: J.C.B. Mohr.

Thielicke, H. (1986). *Theologische Ethik. Mensch und Welt* (5. Ausg., Bd. 2 1.Teil). Tübingen: J.C.B. Mohr.

Thompson. (1984). *Studienbibel nach der Übersetzung Martin Luthers, revid. Fassung von 1984.* Stuttgart: Deutsche Bibelgesellschaft.

UN-Menschenrechtscharta. Allgemeine Erklärung der Menschenrechte. (1948). Abgerufen am 1. März 2021 von https://www.menschenrechtserklärung.de>ueber-uns>kontakt

v. Balthasar, H. U. (2005). *Die Antwort des Glaubens.* Einsiedeln: Johannes Verlag.

v. Balthasar, H. U. (2005). *Eschatologie in unserer Zeit.* Einsiedeln: Johannes Verlag.

van der Bruggen, M.-C. (2018). *Das Märchen vom Tod.* Eoscentra.

Weltärztebund. (2017). *Deklaration von Genf.* Abgerufen am 1. März 2021 von https://www.bundesaerztekammer.de/fileadmin/user_uplo ad/downloads/pdf-Ordner/International/Deklaration.

Weltgesundheitsorganisation. (2014). *Verfassung der Weltgesundheitsorganisation Stand am 1.Mai .* Abgerufen am 1. März 2021 von https://www.admin.ch>0.810.1.de.pdf.

Wiesing, U. (2000). *Ist aktive Sterbehilfe „unärztlich"? in Das medizinisch assistierte Sterben* (2.erw. Ausg.). (A. Holderegger, Hrsg.) Wien: Herder.

Wils, J.-P. (1999). *Sterben: Zur Ethik der Euthanasie.* Paderborn: Schöningh.

Young, R. (2018). *Young`s Analytical Concordance to the Bible.* Peabody : Hendrickson.

Zimmermann-Acklin, M. (2002). *Euthanasie. Eine theologisch-ethische Untersuchung* (2. Ausg.). Freiburg i. Br.: Herder.

MIX

Papier | Fördert
gute Waldnutzung

FSC® C083411

Zeitfracht Medien GmbH
Ferdinand-Jühlke-Straße 7
99095 Erfurt, Deutschland
produktsicherheit@kolibri360.de